WORTE DER HOFFNUNG

ALFRED DELP

WORTE DER HOFFNUNG

HERDER

FREIBURG · BASEL · WIEN

Ausgewählt und zusammengestellt von Alice Scherer

Foto auf dem Umschlag: KNA
(Pietà aus der Kirche „Regina Martyrum“, Berlin-Plötzensee,
nahe der Hinrichtungsstätte)
Umschlaggestaltung: Josef Geisert

DRITTE AUFLAGE

Imprimatur. — Freiburg im Breisgau, den 22. August 1974
Der Generalvikar: Dr. Schlund
Freiburger Graphische Betriebe 1975
ISBN 3-451-17072-8

INHALT

Quellenvermerk:
Die Texte dieser Ausgabe sind folgenden Werken entnommen:

Alfred Delp, Im Angesicht des Todes. Geschrieben zwischen Verhaftung und Hinrichtung 1944 bis 1945. Verlag Josef Knecht, Frankfurt a. M. 1965.
(Abschnitte auf Seite 13–14 M, 15–16 M, 27 M–29, 33–46 M, 47–48 M, 53–59 M, 60 M–61 M, 62–64, 66, 69–84, 87–89, 90–91, 92–100, 103–115, 131 M–134 M.)

Alfred Delp, Kämpfer – Beter – Zeuge. Letzte Briefe. Beiträge von Freunden. Morus Verlag, Berlin [2]1958.
(Abschnitte auf Seite 48 u–50, 90 o, 92 o, 94, 127 M–131 M.)

Alfred Delp, Zwischen Welt und Gott. Herausgegeben von Paul Bolkovac. Verlag Josef Knecht, Frankfurt a. M. 1957.
(Abschnitte auf Seite 14 u–15 M, 16–27 M, 46 M–47 M, 59 u, 61 u–62 M, 65, 119–127 M, 134 u–136.)

EINLEITUNG

Am 2. Februar 1945 ist P. Alfred Delp SJ in Berlin-Plötzensee am Galgen hingerichtet worden. Der Volksgerichtshof hatte ihn zum Tode verurteilt wegen seiner Mitarbeit im sogenannten „Kreisauer Kreis", der für die Zeit nach dem erwarteten Zusammenbruch des NS-Regimes einen Neuaufbau Deutschlands auf christlicher Grundlage plante und vorbereitete. Eine Beteiligung am Attentat vom 20. Juli lag nicht vor; dieser Anklagepunkt wurde auch beim Volksgerichtshof fallengelassen.

P. Delp sollte bei den Beratungen des (vorwiegend evangelischen) Kreisauer Kreises mit Wissen und Willen seiner Oberen die katholische Soziallehre vertreten, die ihm immer ein besonderes Anliegen gewesen war und die er als Mitarbeiter der „Stimmen der Zeit" und in seinen Vorträgen und Predigten leidenschaftlich vertreten hatte. Es ging ihm dabei vor allem darum, daß der Mensch erst einmal ein Minimum an gesunder Menschlichkeit und menschenwürdigem Lebensraum haben müsse, um Gottes fähig zu sein. Seine Grundgedanken einer sozialen Neuordnung, mit der besonderen Betonung der sozialen Verpflichtung des Eigentums, haben auch heute noch Gültigkeit und Aktualität, vornehmlich im Blick auf die Dritte Welt.

Was aber seine eigentliche, bleibende Wirkung ausmacht, das ist das persönliche Zeugnis aus den Monaten der Gefangenschaft. Hier erfuhr der impulsive, warmherzige, kontaktfrohe Siebenunddreißigjährige, der plötzlich dem brutalen Haß seiner Gegner ausgeliefert war und der sich zugleich selber an den Herrgott (so sprach er am liebsten von Gott) ausgeliefert hatte, eine Klärung und Reifung seines Wesens, die ihn in die große Gottesnähe führte; hier lernte und bewährte er die Tugend, auf die sein Ordensvater Ignatius besonderen Wert gelegt hatte, die Indifferenz, die heilige Gelassenheit.

Die Erfahrungen, die er damals, im Angesicht des Todes, in besonderer Tiefe und Dichte machte: Not und Verlassenheit und Wüste, Erschütterung ob der Armut und Brüchigkeit des Menschen, aber auch das Erlebnis, wie in solcher Lage „das große Rufen“ nach Gott aufbricht, immer tiefer und inniger, und dem die Antwort geschenkt wird: „Gott ist als ein Brunnen in uns“ (Erfahrungen, die keineswegs als einzige aufsteigende Linie, sondern als ein Auf und Ab erlebt wurden) — es sind Erfahrungen, die auch Situationen *unseres* Lebens entsprechen und auch für uns gelten. Gerade weil hier ein selber Ringender diesen Wachstums- und Reifungsprozeß durchlitten und durchbetet hat, der ihn zur gänzlichen Hingabebereitschaft und gleichermaßen zur großen Hoffnung geführt hat, kann sein im Opfertod besiegeltes Zeugnis auch für uns weg-weisend sein. Ihm können wir es abnehmen, wenn er schreibt: „Es gibt die Wunden der Not, aber es gibt auch die Wunder der Not. Darum soll der Mensch auch in der äußersten Not die Zuversicht nicht aufgeben.“ Er hat das Wort Hiobs wahrgemacht: „Auch wenn Er mich tötet, werde ich auf ihn hoffen.“

Diesen seinen inneren Weg können wir in etwa mitverfolgen. Tagebuchaufzeichnungen, Meditationen zu Advent und Weihnachten, zum Vaterunser und zur Pfingstsequenz, großenteils mit gefesselten Händen geschrieben, konnten aus dem Gefängnis herausgeschmuggelt werden, ebenso Briefe an die Mitbrüder in München und an zwei Berliner Frauen, die ihn während seiner Haft ein wenig betreuten.

Vornehmlich aus diesen Dokumenten, teilweise auch aus seinen früheren Predigten und Aufsätzen (vgl. Quellenhinweise S. 6), wurden die hier gebotenen Texte, in dankbarem Erinnern an die persönliche Bekanntschaft mit P. Delp, zusammengestellt.

Gott ist in seinen Ordnungen

Der gegenwärtige Mensch ist in eine Verfassung des Lebens geraten, in der er Gottes unfähig ist. Alle Bemühungen um den gegenwärtigen und kommenden Menschen müssen dahin gehen, ihn wieder gottesfähig und somit religionsfähig zu machen.

Es geht nicht ohne „Existenzminimum" an gesichertem Raum, gesicherter Ordnung und Nahrung. Dieser Sozialismus des Minimums ist nicht das Letzte, was auf diesem Gebiet zu sagen und zu fordern ist, sondern das Erste, der Anfang. Aber kein Glaube und keine Botschaft, kein Imperium und kein Jahrhundert der Wissenschaft und Technik, keine Gescheitheit und keine Kunst helfen dem Menschen, wo dieses Minimum als gesicherte Stetigkeit nicht zur Verfügung steht.

Ich kann predigen, soviel ich will, und Menschen geschickt oder ungeschickt behandeln und wiederaufrichten, solange ich will: Solange der Mensch menschenunwürdig und unmenschlich leben muß, so lange wird der Durchschnitt den Verhältnissen erliegen und weder beten noch denken. Es braucht die gründliche Änderung der Zustände des Lebens: Nur der Mensch eines Minimums an geistiger Wachheit, persönlicher Lebendigkeit und sachhafter Lebenskundigkeit wird überhaupt fähig sein, den Namen und das Wort Gottes noch einmal zu vernehmen und die Ordnung Gottes noch einmal anzuerkennen und zu vollziehen.

Die Übernatur setzt ein Minimum von natürlicher Lebensfähigkeit und Lebensmöglichkeit voraus, ohne die es nicht geht. Und die Kirche als Institution und als Autorität setzt ein Minimum lebendiger Religion voraus, sonst wird sie nur nach ihrer realen Macht gewertet oder museal.

Ein menschenwürdiges und menschentümliches Dasein gewährt allein die Voraussetzungen einer habituellen Christlichkeit. Was helfen uns alle Proteste und alle Einsätze um spezifisch christliche oder kirchliche Eigentümlichkeiten, wenn vor unseren Augen der Mensch entwürdigt wird und auf eine Stufe des Daseins herabgedrückt wird oder herabsinkt, auf der es ihm unmöglich ist, christliches Leben und christliche Ordnungen zu vollziehen?

Ob das nun eine Erziehung des Menschen zu Gott ist? Erst die unterste Voraussetzung. Erst die Bemühung um eine Ordnung und Verfassung des Lebens, in der ein Blick auf Gott für den Menschen nicht mehr eine übermenschliche Anstrengung bedeutet. Die Mühe um eine Verfassung des Daseins, in der das Menschenherz auch in seinen Sehnsüchten wieder gesund wird und so unruhig in jener heiligen Unruhe, die erst in Gott zu sich kommt und deshalb auch Gott wieder meint. Dann allerdings bedarf es erst der Hauptsache: des von Gott erfüllten und Gottes mächtigen gleichartigen Menschen, der den andern anspricht und anruft.

Alle die direkten religiösen Bemühungen

halte ich in der gegenwärtigen geschichtlichen Stunde für ohne dauerhafte Fruchtbarkeit. Solange der Mensch an der Straße liegt, blutig geschlagen und ausgeplündert, wird ihm *der* der Nächste und damit der Zuständigste sein, der sich seiner annimmt und ihn beherbergt, nicht aber einer, der zum „heiligen Dienst" vorbeigeht, weil er hier nicht zuständig ist.

Es gibt keine echte geschichtliche Situation, die grundsätzlich im Verderben stünde und außerhalb der Offenheit, in der jede Kreatur zu ihrem Gott hin existiert. Was die einzelnen geschichtlichen Situationen verdirbt, ist nicht ihre grundsätzliche Verfassung, sondern der Mißbrauch, die Wiederholung der ersten Rebellion. Es ist also die Gegenwart als die gerade sich erfüllende geschichtliche Stunde auch für den Christen um seines Gottes und dessen Schöpfung willen eine ernste Sache, und er hat grundsätzlich nicht die Möglichkeit, gegen sie zu existieren.

Christus hat den Gang der Geschichte nicht aufgehoben, er hat ihn in sich aufgenommen und den Menschen aus seiner absoluten Angewiesenheit auf die Geschichte dadurch befreit, daß diese Geschichte selbst durch ihn zu etwas Zweitrangigem wurde und nun jedem an seinem Ort und in seiner Stunde die Aufgabe gegeben wurde, sich für oder gegen Christus zu entscheiden. Es gibt in jeder geschichtlichen Stunde Menschen, die sich selbst und das Anliegen ihrer Zeit gebrauchen zum Aufstand gegen Gott und seine Kirche. Aber von der Kirche her gibt es keine Zeit und keine geschichtliche Verfassung, auf die sie verzichten oder der sie sich entziehen dürfte. Sie ist allen verpflichtet, weil sie Aufnahme der Menschennatur in eine neue Einigung mit Gott und weil die Menschennatur eine geschichtliche Wirklichkeit ist.

Man distanziert die übernatürlichen Wirklichkeiten des Christentums zu weit weg von den Tatsachen der Schöpfung, so daß diese beinahe nicht mehr gewertet werden. Die Geschichte wird nicht mehr zum Ort des Reiches Gottes, sie ist beinahe vom Übel. Es wird plötzlich ein Mißtrauen gegen die natürlichen Fähigkeiten des Menschen laut. Die Erde wird gleichsam freiwillig geräumt.

Der gegenwärtige Christ muß ein Christ des vollen Besitzes sein. Wir müssen in jeder Zeit stehen mit dem Bewußtsein, daß jede echte Wirklichkeit uns gehört, vom Herrn und Vater her, als Besitz und Auftrag. In einer Zeit gesteigerten Sinnes für die Wirklichkeit und gesteigerter Lebensfreudigkeit ist vom Christen her gesteigerte christliche Vitalität gefordert.

Wir sind die Menschen, die die ganze Wirklichkeit bejahen, durch die die erhaltenden Kräfte in die Welt einströmen. Und man muß auch spüren, daß wir in der Zeit Träger der Verheißungen und der Gnaden sind. Daß es uns gar nicht darauf ankommt, um jeden Preis ein paar Lebenstage länger da zu sein, daß es uns aber wohl darauf ankommt, um jeden

Preis so zu sein, wie wir sind. Die Anwandlungen von Müdigkeit und Flucht oder Resignation, die uns manchmal überkommen, sind ein Verkennen der seinsmäßigen Lage und vergessen, daß wir mit dem Herrgott, mit seiner Welt und seinen Gnaden zu tun haben.

Wir werten die Dinge der Erde anders, aber wir entwerten sie nicht, und deshalb soll man unserer Haltung ihr gegenüber ansehen, daß wir uns in höherem Auftrag gesandt wissen. Es gibt auch eine christliche Positivität der Endlichkeit, und sie ist gerade darin begründet, daß Gott den Menschen schuf nach seinem Bild und Gleichnis, daß alles unter dem Segen des Schöpfer-Vaters steht und daß jeder Fortschritt, jede neue Leistung ein Sichtbarmachen dessen ist, was als Abglanz Gottes in die Welt hineingelegt ist.

Das verteidigende Fechten ist nie das Hauptanliegen einer christlichen Generation. Hinter den Grenzsteinen, die wir verteidigen, muß immer die ganze Fülle echten Lebens sichtbar werden; der seinsmäßige Glanz des in uns existierenden Reiches unseres Herrn ist unser bester Anspruch und unsere beste Verteidigung. Neben der Überbetonung der negativen Verteidigung liegt oft ein anderes christliches Mißverständnis des Christlichen bereit, das auch ein Mißverständnis der geschichtlichen Verbundenheit des christlichen Lebens ist und zur Bedrohung dieses Lebens selbst wird. Mancher Christ fühlt sich in einer vitalmächtigen Zeit bedroht, er ist scheinbar christlich unterernährt und scheut die mutige Begegnung draußen in Wind und Wetter. Man nimmt den Besitz von Botschaft und Gnade doch nicht ernst genug und baut sich Fluchtwege. Dieser Christ weicht den großen Grundlinien des Christentums aus und verzettelt sich in unechte Devotionen, in eine Art christlichen Aberglaubens, in dem angebliche Prophezeiungen, Peripherie-Wirklichkeiten des christlichen Lebens usw. eine zu große Rolle spielen.

Es kommt der Ersatz zu Wort, Dinge, die kaum einer Beachtung wert sind, finden beinahe kultische Pflege und absolutes Gehör.

Auf die Dauer ist nur der Christ Mensch. Das heißt aber zugleich: Mit dem Menschen stirbt der Christ. Für unsere konkrete Verantwortung heißt dies aber, daß der Kampf um die Freiheit und Geistigkeit des Menschen, der Kampf um eine echte, saubere Kultur nicht nur Möglichkeitsanliegen der Kirche sind, sondern grundlegende Rechte und Pflichten, nicht nur der kirchlichen Menschen, sondern auch der kirchlichen Ämter. Die Kirche hat in diesen Tagen die ungeheure Chance, sich dem Gedächtnis der Kreatur unverlierbar einzuprägen, wenn und weil sie die mutige Verteidigung der bedrohten Kreatur war, und es wäre falsch, dies zu sehen unter dem Gesichtspunkt der zukünftigen taktischen Vorteile. Die Bindung an diese Aufgaben ist eine Bindung aus der Verantwortlichkeit, die wir dafür tragen, daß das Antlitz Gottes in der Kreatur bleibe.

Wir sollen vor die Menschen treten nicht zuerst, weil wir zweitausend Jahre hindurch immer da waren und weil wir große Zeiten hinter uns haben, sondern weil wir begriffen haben, was der strömende Heilswille Gottes ist. Weil wir begriffen haben, daß hier im Geschehen der Geschichte dieser ungeheure Wille des Herrn steht, die Menschen heimzuholen zu sich. Weil wir wissen um den strömenden Heilswillen Gottes, deswegen muß der erste Grundzug des christlichen Menschen sein, daß er ein suchender Mensch ist, immer unterwegs auf der Suche nach dem Menschen, und von dieser Einsicht her wird uns auch die andere Ausweitung gelingen, die von uns verlangt wird. Wir dürfen uns innerlich nicht verengen auf die eigene Sicherheit oder das eigene Heil.

Christus und die Kirche gelten in einem Volk immer so viel, als die christlichen Menschen wert sind, als sie kraft ihrer christlichen Vitalität, ihres strahlenden und werbenden Daseins ihre Umwelt meistern und mit hereinziehen in den göttlichen Strom, in dem sie selbst existieren. Die Menschen, die uns begegnen, müssen spüren, daß wir erlöste Menschen von heute sind, sie müssen das auch dann spüren, wenn sie mit uns kämpfen.

Uns fehlt irgendwie der große Mut, der nicht aus dem Blutdruck oder der Jugendlichkeit oder ungebrochener Vitalität, sondern aus dem Besitz des Geistes und dem Bewußtsein des Segens, der uns zuteil geworden ist, kommt. Und deswegen haben wir Angst und begeben uns auf die Flucht. Wir fliehen in die christliche Antike, wir fliehen in andere Zeiten der christlichen Vergangenheit, als ob wir jemals Antwort und Weisung von rückwärts erwarten dürften und als ob wir nicht gesandt seien bis ans Ende der Tage und so für jeden Tag eine echte und genuine Verheißung besäßen.

Wenn wir ins Leben zurückschauen und uns selber sehen, uns Christen mit den wankenden und brechenden Knien, dann müssen wir sagen: Entweder erliegen wir der Übermacht des Daseins genauso wie die Kreatur, die sich selbst überlassen bleibt, oder wir haben eine von unseren christlichen Wirklichkeiten wieder nicht verstanden oder vergessen oder in frommer Andächtelei verharmlost, so daß die ganze Wucht und die ganze Gewalt nicht mehr zündet und sich nicht mehr durchsetzt. Stehen wir Christen in der Not genauso, oder haben wir eine Antwort, eine Lösung, eine Erlösung? Die Übermacht des Daseins, die Überfülle der Wirklichkeit, die werden uns nicht geschenkt. Daß das Leben hart ist und feindselig und mächtig und unsicher, das bleibt uns nicht erspart. Und doch ist auch da wieder in unsere christliche Wirklichkeit ein Segen gesprochen worden, der gerade das Leben vor der Übermacht treffen soll und aufrichten soll und innerlich wirklich ebenbürtig und gewachsen und überlegen machen soll.

Daß wir zu Christus gehören, daß wir Kinder des Vaters sind, daß wir erlöste Menschen sind, daß wir Kirche sind und alles darauf ankommt, eine lebendige Begegnung zwischen gottgesetzten Wirklichkeiten und unserem eigenen Leben herbeizuführen: daraus sollten wir heute leben. Wenn wir an diesen missionarischen Auftrag des Christentums glauben, dann ist eben nur *der* wirklich Christ, der missioniert, das heißt, so viel Wirklichkeit besitzt und so echt ist, daß er ausstrahlt und mitnimmt. Es gibt keine christliche Selbstverschließung im Heiligtum, sondern nur ein Starkwerden zu neuer Strahl- und Formkraft.

Leben wir aus dem, was an uns geschehen ist, was wirklich ist; lassen wir das wieder aufwachen und geben wir ihm Raum in unserem Bewußtsein, in unserer Liebe, in unserer Treue, und wir werden mit dem Leben fertig werden. Und vergessen wir das, bleiben wir Menschen des Herkommens, der Gewöhnlichkeit, der Unauffälligkeit, lassen wir nicht alles wirklich zu Wort kommen, was an Großem in uns geschehen ist und da ist und Wort und Tat werden will, dann werden wir erliegen. Dann werden wir dem, was stürzt, nicht gewachsen sein und mitstürzen; dann werden wir dem, was droht, innerlich nicht ebenbürtig sein, sondern Knecht werden in Furcht und Zittern und Schweigen. Es wird die Person schweigen, es wird die Selbständigkeit schweigen, es werden die Gewissen schweigen. Wir werden nicht kämpfen, und wir werden nicht aushalten, und wir werden nicht siegen. Denn das eine sollen wir immer wissen: jeder Segen, der über uns gemacht wird, jedes Kreuz, das über uns gesegnet wird, jede Weihe, die von Christus her über uns gesprochen wird, ist eine Weihe aus dem ganzen Christus, der uns auf sein Schicksal und auf seine Wirklichkeit bindet und verpflichtet. Dieses sein Schicksal ist Erde und Geschichte und Aushalten und Einsamkeit und Golgotha und Kalvaria, aber auch Sieg und bereits Sieg und immer schon wirklich Sieg.

Es geht um den Glanz der Kirche, nicht den Glanz der äußeren Macht und Herrlichkeit, sondern um den Glanz der Gloria Dei, der als Ergebnis der inneren Weihe und Würde strahlen soll, so daß die Menschen einer unchristlichen Zeit eine Ahnung bekommen sollen von dem großen Gott, der hinter dieser Kirche steht.

Die Wirklichkeit des Lebens sowohl wie Gottes haben ihre eigenen Gesetze und Ordnungen, und nur wer sich ihnen beugt und ergibt, wird ihnen gerecht, nur dem werden sie sich ergeben und erschließen.

Das Geheimnis der Begegnung der Heiligen Nacht ist nicht der freien Lyrik der Subjektivität ausgeliefert, sondern in die klaren Ordnungen der Kirche gefaßt. Ach, ich weiß es ja, wie oft die Kirche nicht nur sich, sondern auch dem Herrgott im Lichte steht. Hier aber beginnt die Unermüdlichkeit und die Treue. Bethlehem war schließlich auch kein Palast, sondern ein Stall. Gott ist in seinen Ordnungen. Und wie die Kirche nur zu bejahen und auszuhalten ist im Gehorsam gegen Gott den Herrn, genauso wird Gott der Herr nicht im Ungehorsam sein. Und wer den Gehorsam gegen Gott im Verhältnis zur Kirche vollzogen hat, darf auch den prüfenden Blick auf die Wirklichkeit der Kirche richten. Nicht nach dem Diktat des Geschmackes, sondern nach dem Gesetz der Wahrheit und des Lichtes. Es soll damit nicht das Versagen in der Kirche verschwiegen werden. Aber es geht um die Wahrheit und Fruchtbarkeit gerade der lebendigen und fähigen Menschen.

Wenn die Kirchen der Menschheit noch einmal das Bild einer zankenden Christenheit zumuten, sind sie abgeschrieben. Wir sollen uns damit abfinden, die Spaltung als geschichtliches Schicksal zu tragen und zugleich als Kreuz. Von den heute Lebenden würde sie keiner noch einmal vollziehen. Und zugleich soll sie unsere dauernde Schmach und Schande sein, da wir nicht imstande waren, das Erbe Christi, seine Liebe, unzerrissen zu hüten.

„Der Menschensohn ist nicht gekommen, sich bedienen zu lassen, sondern zu dienen." Man muß nur die verschiedenen Realitäten kirchlicher Existenz einmal unter dieses Gesetz rufen und an dieser Aussage messen, und man weiß eigentlich genug. Es wird kein Mensch an die Botschaft vom Heil und vom Heiland glauben, solange wir uns nicht blutig geschunden haben im Dienste des physisch, psychisch, sozial, wirtschaftlich, sittlich oder sonstwie kranken Menschen.

Der Mensch ist nur mit Gott zusammen Mensch

Der Mensch ist nur mit Gott zusammen Mensch.

Der Mensch ist befähigt und berufen zu einem großen Bewußtsein seiner selbst und zu dessen Verwirklichung. Nur muß er Ernst machen mit der Wahrheit, daß er allein eben nicht Mensch ist. Gott gehört in die Definition des Menschen. Und die innerste Lebensgemeinschaft mit Gott zu den ersten Voraussetzungen eines gelungenen und gekonnten Lebens.

Der Mensch allein schafft es nicht. Daß der Mensch es nicht allein zu schaffen braucht und er der überirdischen Macht und Kraft, ja des lebendigen Gottes selbst teilhaftig wird: das ist der Sinn des Gebetes um das Reich Gottes. Auch das habe ich erfahren, daß und wie der Mensch im Nu über sich selbst hinaus gehoben wird und die Dinge ihn nicht mehr anrühren und er ihnen gewachsen bleibt, auch wenn sie ganz anders kommen, als er sie erwartet. Der echte Dialog wird zur seinshaft verwirklichten und oft auch erfahrenen Lebensgemeinschaft.

Daß der Mensch in Gottes Gnade sei und die Welt in Gottes Ordnung: das ist das Reich Gottes. Die Überwindung der menschlichen Not durch Gottes Fülle, die Sprengung der menschlichen Grenze durch Gottes Kraft, die Bändigung der menschlichen Wildheit durch Gottes Zucht: das alles ist Reich Gottes. Es geschieht in Menschen und von und unter den Menschen. Es ist eine stille Gnade und drängt doch zu Wort und Tat und existiert doch auch als Werk und Ordnung. Die große Sinnerfüllung des Lebens liegt in der Begegnung mit Gott.

In diesen Wochen der Gebundenheit habe ich dies erkannt, daß die Menschen immer dann verloren sind und dem Gesetz ihrer Umwelt, ihrer Verhältnisse, ihrer Vergewaltigungen verfallen, wenn sie nicht einer großen inneren Weite und Freiheit fähig sind. Wer nicht in einer Atmosphäre der Freiheit zu Hause ist, die unantastbar und unberührbar bleibt, allen äußeren Mächten und Zuständen zum Trotz, der ist verloren.

Dieser Freiheit wird der Mensch nur teilhaft, wenn er seine eigenen Grenzen überschreitet. Die Geburtsstunde der menschlichen Freiheit ist die Stunde der Begegnung mit Gott. Ob Gott nun einen Menschen aus sich herauszwingt durch die Übermacht von Not und Leid, ob er ihn aus sich herauslockt durch die Bilder der Schönheit und Wahrheit, ob er ihn aus sich selbst herausquält durch die unendliche Sehnsucht, durch den Hunger und Durst nach Gerechtigkeit, das ist ja eigentlich gleichgültig. Wenn der Mensch nur gerufen wird und wenn er sich nur rufen läßt!

Alles sammelt sich in das Eine: Mensch, laß dich los zu deinem Gott hin, und du wirst dich selbst wieder haben. Jetzt haben dich andere, sie quälen dich und erschrecken dich und jagen dich von einer Not in die andere. Das ist dann die Freiheit, die singt: . . . uns kann ein Tod nicht töten. Das ist dann das Leben, das da ausfährt in die grenzenlose Weite. Adoro und Suscipe: ihr Urworte des Lebens, ihr geraden und steilen Wege zu Gott, ihr Tore in die Fülle, ihr Wege des Menschen zu sich.

Die Ehrlichkeit, mit der der Mensch zu seinem Wesen stehen soll, bedeutet eine innere Selbstlosigkeit, durch die der Mensch ... über sich selbst hinauskommen soll, indem er seine wesensmäßige Offenheit nach oben als Bereitschaft, Dienst und Rühmung vollzieht. Aus dieser Offenheit wird er in eine große Freiheit gelangen, eine Freiheit von Krampf und Verblendung und Verkümmerung in sich selbst. Der weite Weg, den der Mensch zurücklegen muß, bis er in der echten Gottesbegegnung auch echt und ganz zu sich selbst findet, führt den Menschen über sich hinaus. Es gehört zum Wesen des Menschen, über sich hinaus zu müssen, sonst wird er ein geistiger Bourgeois, dickblütig und stickig und schwerfällig und behäbig.

Der Mensch wird gesund durch die Ordnung Gottes und in der Nähe Gottes. Hier wird er auch freudefähig und froh. Die Ordnung Gottes herstellen und Gottes Nähe verkünden und lehren und anderen bringen: das ist es, was mein Leben meint und will und dem es zugeschworen ist und bleibt.

Nur der Jenseitige wird fähig sein zur echten Verhaltenheit, zur schöpferischen Distanz, zur behutsamen Ehrfurcht, zur dienenden Liebe, zum offenen Gehorsam. Das aber sind die Grundkategorien des Menschen. Nur der Blick und der Entschluß über uns selbst hinaus ermöglicht uns selbst.

Der Beitrag des Menschen zu seiner großen Befreiung in das erfüllte Leben besteht in des Menschen ehrlicher Selbstbescheidung, williger Offenheit und Bereitschaft, sauberer Dienstwilligkeit, echter Verkündigung und Rühmung.

Wo der Mensch so aufbricht – sich auf den Adventsweg macht, da wird ihm auch die große Begegnung geschenkt: denn als solche geschieht des Menschen Befreiung: daß Gott eine vielfältige Befreiung an ihm wirkt und ihm begegnet, aus ihm, dem Menschen heraus: in der erlebten und erfahrenen Tröstung und Erhebung.

Die Geburtsstunde der menschlichen Freiheit ist die Stunde der Begegnung mit Gott. Ob Gott nun einen Menschen aus sich herauszwingt durch die Übermacht von Not und Leid, ob er ihn aus sich herauslockt durch die Bilder der Schönheit und Wahrheit, ob er ihn aus sich selbst herausquält durch die unendliche Sehnsucht, durch den Hunger und Durst nach Gerechtigkeit, das ist ja eigentlich gleichgültig. Wenn der Mensch nur gerufen wird und wenn er sich nur rufen läßt!

Es gehört zur Ehrlichkeit des Menschen, daß er sich selbst als Beauftragten wisse und seine Wirklichkeit als Auftrag und Aufgabe begreife. *Die Idee des echten Dienstes* und der echten Verpflichtung gehört zum Wesensverständnis des Menschen. Wer dies aushöhlt, hat sein eigenes Bild verpfuscht und sein Wissen von sich selbst verdorben.

Vielerlei ist die konkrete Form, in der der Mensch Pflicht und Dienst übernehmen muß. Auch hier kann er wieder heimliche oder offene Schwerpunktverlagerungen vornehmen und diese saubere Idee verderben. Das Kriterium richtet und hilft: die Verkündigung, das Zeugnis, *die Rühmung des Herrn*. Hier löst sich der Mensch aus allen Krämpfen in eine letzte Ehrlichkeit und Hellsichtigkeit. Und es bedarf einer dauernden persönlichen Anstrengung, sich diesen Anstoß über sich selbst hinaus, von sich selbst weg, immer wieder zu geben. Aber so gelingt dem Menschen zugleich die Offenheit, in der er bleiben muß, wenn er ehrlich den großen Wirklichkeiten zustreben will, die mit ihm gemeint sind.

Der Mensch muß sich selbst hinter sich gelassen haben, wenn er eine Ahnung von sich selbst bekommen will. Das ist es, was uns so selten gelingt und so schwerfällt. Und was den Menschen heute so unsinnig erscheint, weil sie die unendlichen Gluten und die schimmernde Bläue und die grenzenlose Weite des göttlichen Wesens nicht mehr kennen, denen man sich überantworten muß. Man muß die Segel in den unendlichen Wind stellen, dann erst werden wir spüren, welcher Fahrt wir fähig sind.

Die freie und vorbehaltlose Begegnung mit dem Herrgott erst gibt dem Menschen seinen eigenen Raum. Adoro und Suscipe (Ich bete dich an; nimm mich hin) sind die beiden Urworte der menschlichen Freiheit. Das gebeugte Knie und die hingehaltenen leeren Hände sind die beiden Urgebärden des freien Menschen.

Der personale Gott ist der Gott des Lebens. Erst im Dialog mit ihm tritt der Mensch in seinen wirklichen Lebensraum ein. Hier lernt der Mensch die Grundwerte seines Wesens: Anbetung, Ehrfurcht, Liebe, Vertrauen. Alles im Leben, was unterhalb dieses Dialoges bleibt, es mag mit noch soviel Eifer und Ernst und Hingabe unternommen sein, bleibt unfertig, auf die Dauer unmenschlich. Die Anbetung als Weg des Menschen auch zu sich.

Die Bindung an Gott ist eine Bindung an seine Ordnung, die ein Abglanz seines Wesens ist, eine Bindung an seine Freiheit und an seine geheimnistiefe Größe. Das sind die Wirklichkeiten, mit denen der Mensch rechnen muß, will er Mensch bleiben oder werden. Gottes Ordnung bindet ihn zweifach: als Einfügung in die naturhaften Gegebenheiten der menschlichen Seinsschichten und als freie Begegnung mit dem fordernden und verpflichtenden Gesetz. Gottes Freiheit ruft den Menschen darüber hinaus in den heiligen Raum der persönlichen Fügungen, Berufungen, Schickungen und Sendungen. In diesem persönlichen Dialog mit dem fordernden Gott wird über die eigentliche, überdurchschnittliche Größe und Würde des Menschen entschieden.

Die theologischen Wahrheiten über Vorsehung und Führung, über die Allgegenwart Gottes und über die gnadenhafte Einwohnung in uns müssen konkret gelebter Besitz werden. So wird es uns gelingen, die Erlebnisse und Begebenheiten des Werktags und des Feiertags, der hellen und der finsteren Stunden, bis zu dem Mittelpunkt durchzuleben, an dem sich Gott als ihr innerster Sinn enthüllt. Seine Frage, seine Führung, seine Leitung, seine Strafe, sein Gericht, seine Tröstung und Hilfe: das ist die heimliche, heilige Fracht, die den Ereignissen, in die wir hineingeraten, anvertraut ist.

Dem Namen Gottes soll die große Ehrfurcht erwiesen werden, Rühmung, Ehrfurcht, Ehrerbietung. Daß der Name Gottes das große Heilige sei, das schweigsame Stille und demütige Verhaltenheit Fordernde. Der Mensch soll nicht nur an seine Mitte, an den Sinn seines Lebens glauben. Er soll in den konkreten Vollzügen seines Lebens von diesem Glauben Zeugnis geben. Er soll alles unter dieses Gesetz der Heiligung stellen und, was mit ihm sich nicht verträgt, sein lassen. Gott als die große Ehrfurcht des Menschen wird auch sein Leben sein. „Es ist in keinem anderen Namen Heil."

Im Menschen selbst, in seiner innersten Mitte geschieht das Leben Gottes. Genau da wird der Mensch er selbst, wo er sich als Ort des höchsten und lichtesten Seins weiß. Und so viel wird er sich selbst und sein eigenes Gesicht wiederfinden und den Glauben an die eigene Würde und Sendung und Lebensmöglichkeit, als er sein Leben begreift als hervorströmend aus dem Geheimnis Gottes. Da ist das Negative und Bedrohliche dann überboten und von innen her in seiner Nichtigkeit entlarvt und zugleich entmachtet.

Dieser Mensch erst wird des großen Atems fähig sein, und ihm wird die Welt und das Leben nichts schuldig bleiben ... Er wird den ewigen Glanz der Dinge wieder spüren und vor ihnen in Ehrfurcht und Behutsamkeit stehen. Er wird den Dingen diesen inneren Glanz wieder verleihen, weil sein Geist und Herz, seine Hände und Werke die Gabe und Kraft der schöpferischen Bewährung haben. Und dieser Mensch wird der Mensch der großen Freude sein. Der großen Freude, die er lebt und erlebt. Und die er gibt und entzündet. Gaudete!

Wie müssen wir leben, um der wahren Freude fähig zu sein oder zu werden? Die Frage muß uns heute mehr als sonst noch beschäftigen. Der Mensch soll seine Freude so ernst nehmen, wie er sich selbst nimmt. Und er soll es sich und seinem Herzen und seinem Herrgott glauben, auch in der Nacht und in der Not, daß er für die Freude geschaffen ist.

Die Bedingungen der wahren Freude sind gar nicht Bedingungen des äußeren Lebens, sondern meinen eine innere Verfassung und Zuständigkeit des Menschen, die es ihm möglich machen wird, auch in widrigen äußeren Verhältnissen immer wieder einmal wenigstens zu ahnen, was es eigentlich um das Leben ist.

Die Freude im Menschenleben hat mit Gott zu tun. Die Kreatur kann dem Menschen in vielerlei Gestalt Freude bringen oder Anlaß zu Freude und Freuden sein; aber ob dies echt gelingt, das hängt davon ab, ob der Mensch der Freude noch fähig und kundig ist. Und das wieder wird bedingt durch des Menschen Beziehung zum Herrgott.

Nur in Gott ist der Mensch voll lebensfähig. Ohne ihn ist er auf die Dauer krank. Diese Krankheit ergreift auch die Freude und die Fähigkeit zur Freude . . .

Der Mensch muß, um des wahren Lebens fähig zu sein, in bestimmten Ordnungen und

Beziehungen zu Gott stehen. Auch die Fähigkeit zur echten Freude und die freudvolle Lebendigkeit selbst hängen von bestimmten Bedingungen des menschlichen Lebens ab, von bestimmten Haltungen gegenüber Gott. Wo das Leben sich nicht als in Gemeinschaft mit Gott stehend und geschehend begreift, da wird es grau und grämlich und nüchtern und rechenhaft.

Wer von der Kommunionbank wieder aufsteht, wer aus dieser Begegnung mit dem schweigenden Kyrios kommt, dessen Leben muß Zeugnis davon geben, daß er diesen letzten Segen, diese letzte Weihe bekommen hat; das muß ein Mensch werden, der alles Unterwegs aushält, weil es dauernd erfüllt ist und weil dauernd der Unruhe des Menschen zum Herrgott eine Unruhe des Herrgotts zum Menschen entspricht, die bewirkt, daß er immer wieder neu sich auf unsere Seite schlagen und unser Schicksal teilen und wandeln will. Und er muß ahnen und wissen, er ist hineingerissen in die Dimensionen des opfernden und des siegenden Christus.

Ein Mensch ist so viel Mensch, als er Herz einzusetzen hat und einsetzt. Das heißt, als er liebt.

Herz steht hier für die Lebensmitte des Menschen, in der seine Fähigkeiten, seine Wünsche, seine Nöte, seine Sehnsüchte sich in eine Entscheidung, einen Impuls, eine Liebe, eine Hingabe sammeln. Und hier, in dieser Herzmitte des Daseins, soll Zelt und Tempel des heiligen Geistes sein. Das ist ja seine Art und seine Ordnung, den kreatürlichen Lebensweisen sich innerlich einzufügen, ihre Lebensfunktionen und Lebensäußerungen mitzuvollziehen und sie so auf seine Höhe und Dichtigkeit und Sicherheit heraufzuholen. Lumen cordium: wir sollen oft darum beten. Daß unser Herz im richtigen Rhythmus bleibt und das richtige Gespür hat. Um das Gespür handelt es sich hier, nicht um den Satz und die klare Aussage, sondern um das Gespür und den richtigen Instinkt. Wenn unser Herz richtig schlägt, ist alles in Ordnung. Der Geist Gottes erbarme sich dieses armen, törichten, hungernden und frierenden, einsamen und verlassenen Herzens und erfülle es mit der wärmenden Sicherheit seiner Gegenwart.

Der Glaubende, der Vertrauende, der Liebende: das erst ist der Mensch, der die Dimensionen des Menschentums ahnt und die Perspektiven Gottes sieht.

Nur der Anbetende, der Liebende, der nach Gottes Ordnung Lebende ist Mensch und ist frei und lebensfähig. Damit habe ich Dir etwas gesagt, was ich Dir an Einsicht und Aufgabe und Auftrag wünsche.

Lieber Alfred Sebastian, es ist viel, was ein Mensch in seinem Leben leisten muß. Fleisch und Blut allein schaffen es nicht. Wenn ich jetzt in München wäre, würde ich Dich in diesen Tagen taufen, das heißt: ich würde Dich teilhaft machen der göttlichen Würde, zu der wir berufen sind. Die Liebe Gottes, einmal in uns, adelt und wandelt uns. Wir sind von da an mehr als Menschen, die Kraft Gottes steht uns zur Verfügung, Gott selbst lebt unser Leben mit, das soll so bleiben und immer mehr werden, Kind. Daran hängt es auch, ob ein Mensch einen endgültigen Wert hat oder nicht. Und er wird ein wertvoller Mensch werden.

Ich lebe hier auf einem sehr hohen Berg, lieber Alfred Sebastian. Was man so Leben nennt, das ist weit unten, in verschwommener und verworrener Schwärze. Hier oben treffen sich die menschliche und göttliche Einsamkeit zu ernster Zwiesprache. Man muß helle Augen haben, sonst hält man das Licht hier nicht aus. Man muß gute Lungen haben, sonst bekommt man keinen Atem mehr. Man muß schwindelfrei sein, der einsamen, schmalen Höhe fähig, sonst stürzt man ab und wird ein Opfer der Kleinheit und Tücke. Das sind meine Wünsche für Dein Leben, Alfred Sebastian: helle Augen, gute Lungen und die Fähigkeit, die freie Höhe zu gewinnen und auszuhalten. Das wünsche ich nicht nur Deinem Körper und Deinen äußeren Entwicklungen und Schicksalen, das wünsche ich viel mehr Deinem innersten Selbst, daß Du Dein Leben mit Gott lebst als Mensch in der Anbetung, in der Liebe, im freien Dienst.

Es segne und führe Dich der allmächtige Gott, der Vater, der Sohn und der Heilige Geist.

Dein Patenonkel Alfred Delp

Das habe ich mit gefesselten Händen geschrieben; diese gefesselten Hände vermach' ich Dir nicht, aber die Freiheit, die die Fesseln trägt und in ihnen sich selbst treu bleibt, die sei Dir schöner und zarter und geborgener geschenkt.

(Brief aus dem Gefängnis, kurz vor der Hinrichtung, an sein neugeborenes Patenkind)

*Für jedes Leben schlägt die Stunde,
in der ihm vor sich selbst graust*

Für jedes Leben schlägt die Stunde, in der ihm vor sich selbst graust. In der ihm die ganze Mißlungenheit und Ekelhaftigkeit seiner Wirklichkeit das Gemüt erschüttert und die Maske der Selbstsicherheit und Selbstgerechtigkeit vielleicht für diese eine Stunde gelüftet wird, vielleicht auch endgültig fällt. Dem Menschen wohnt der Drang inne, dieser Stunde zu entgehen. Die Verliebtheit in sich selbst, der Stolz, die Feigheit, vor allem aber die Ahnung, daß als einziger Ausweg aus dieser Erschütterung der bisherigen trügerischen Lebensgrundlage die Übergabe zu leisten ist, treiben den Menschen dazu, die Wirklichkeit für unwirklich und die Fälschung für echt zu erklären.

Diese Erschütterung kann den Menschen überkommen, wenn nach einer großen Untat die Summe des Mißlungenen das Maß der kreatürlichen Selbsttäuschungs- und Verdrängungsfähigkeit überschreitet und den Menschen zu sich selbst zwingt. Es hängt nun alles davon ab, ob der Mensch dieses Angebot zur Ehrlichkeit annimmt oder ob er es als „schwache Stunde" abtut und sich wieder „erholt", wodurch die Verhärtung und Verfinsterung schlimmer denn je wird, weil der geistige Organismus allmählich „immunisiert“ wird und für eine Zeitlang das Falsche als Richtmaß erträgt.

Advent ist einmal eine Zeit der Erschütterung, in der der Mensch wach werden soll zu sich selbst. Die Voraussetzung des erfüllten Advent ist der Verzicht auf die anmaßenden Gebärden und verführerischen Träume, mit denen und in denen sich der Mensch immer wieder etwas vormacht. Er zwingt so die Wirklichkeit, ihn mit Gewalt zu sich zu bringen, mit Gewalt und viel Not und Leid.

Die Erschütterung, das Aufwachen: damit fängt das Leben ja erst an, des Advents fähig zu werden. Gerade in der Herbheit des Aufwachens, in der Hilflosigkeit des Zusichselbstkommens, in der Erbärmlichkeit des Grenzerlebnisses erreichen den Menschen die goldenen Fäden, die in diesen Zeiten zwischen Himmel und Erde gehen und der Welt eine Ahnung von der Fülle geben, zu der sie gerufen und fähig ist.

Den innersten Sinn der Adventszeit wird nicht verstehen, wer nicht vorher zu Tode erschrokken ist über sich selbst und seine menschlichen Möglichkeiten und ebenso über die im eigenen Selbst sich offenbarende Lage und Verfassung des Menschen überhaupt.

Daraus aber ergibt sich, daß die Grundverfassung des Lebens immer adventlich ist: Grenze und Hunger und Durst und Unerfülltheit und Verheißung und Bewegung aufeinander zu. Das heißt aber, im Grunde bleibt der Mensch ungeborgen und unterwegs und offen bis zur letzten Begegnung. Mit aller demütigen Seligkeit und schmerzhaften Beglükkung dieser Offenheit.

Es gibt also das Endgültige vorläufig nicht, und der Versuch, Endgültigkeiten zu schaffen, ist eine alte Versuchung des Menschen. Hungern und Dürsten und Wüstenfahrt und Notseilgemeinschaft gehören zur Wahrheit des Menschen.

Dieser Wahrheit sind die Verheißungen gegeben und nicht der Anmaßung und der Einbildung. Aber dieser Wahrheit sind wirklich Verheißungen gegeben, auf die man sich verlassen soll und kann. „Die Wahrheit wird euch frei machen."

Das ist das eigentliche Thema des Lebens. Alles andere ist nur Äußerung, Ergebnis, Anwendung, Folge, Bewährung, Einübung. Gott helfe uns zu uns selbst und so von uns weg zu sich hin.

Wie es die „erworbenen Tugenden" gibt, so gibt es auch die „erworbenen Untugenden": den habituell gewordenen Seinsverlust, die dauernde Seinsverstümmelung und Wirklichkeitsverkümmerung. Auch diesen Nöten gegenüber befindet sich der Mensch in großer Bedrängnis und Hilflosigkeit. Er konnte seinen Besitz wohl verlieren, ihn wiederzufinden sind die Augen nicht hell genug. Er konnte sich aus Torheit und Leichtsinn oder anderen Fehlhaltungen die Hand wohl abschlagen oder verkrüppeln lassen, sie wieder heil zu machen genügt die eigene Kraft nicht. Auch diese Wunden sind Wunden der Kreatur, nur daß sie nicht direkt aus der kreatürlichen Beschränktheit erwachsen, sondern aus dem Fehlgebrauch der kreatürlichen Freiheit. Und so bleibt dem Menschen trotz aller größeren Verantwortung für das Entstehen dieser Seinsbehinderung nichts anderes übrig, als wieder und wieder vor dem heilenden Gott zu erscheinen und den strömenden Geist zu bitten, das wunde Leben in seinen heilenden Lebensstrom wieder hineinzunehmen.

Nur wer die unendliche Sehnsucht der Kreatur zugleich mit ihrer endlichen Kümmerlichkeit erfahren hat, wird diesen Flehruf „Veni, Sancte Spiritus! – Komm, Heiliger Geist!" echt anstimmen. Und nur so wird es wirklich ein Ruf, auf den Antwort und Erfüllung folgt.

Es gibt einen Zustand, eine Verfassung des Wirklichen, in der die Dinge nicht nur nicht in Ordnung sind, sondern in der sie gefährlich, giftig, zerstörerisch sind. Was wir manchmal im einzelnen erleben: daß sich alles, was ein Mensch auch anrühren mag, gegen ihn kehrt und wendet und ihm bitter weh tut, das trifft auch für ganze Generationen, für geistige Bewegungen, soziale und wirtschaftliche Verhältnisse usw. zu: man sieht und spürt und erlebt, wie die Dinge sich umkehren. Wie die Sätze und Programme sich in ihr Gegenteil verkehren, und zwar nicht nur deswegen, weil die Verkünder und Vertreter es verraten haben. Sondern weil die Wirklichkeit stärker ist und weil sie auf einmal feindselig geworden ist und hartherzig und kalt. Das ist die erfahrungsmäßige Bestätigung unseres Satzes. Die Wirklichkeit ohne Gott ist seinshaft falsch. Das seinshafte Falsche aber ist zum Aufbau gesunder Ordnung, zum Schutz gesunden und echten Lebens nicht nur unbrauchbar, sondern gefährlich. Es gibt in den letzten Wertungen und Bedeutungen keine Neutralität, keine Wertfreiheit. Die Entscheidungen, Haltungen, Bedeutungen sind wertvoll oder unwertig, gefährlich, schädlich. Der Entschluß zu Gott ist auch der Entschluß zur eigenen Gesundheit und zum eigenen Leben. Wer grundsätzlich nicht in der Partnerschaft und Begegnung lebt, lebt grundsätzlich gegen seine eigenen Interessen.

Die Menschen wagen es nicht mehr, die Grenzen ihrer Wirklichkeit ernsthaft und ehrlich abzuschreiten, weil sie die Entdeckungen fürchten, die ihrer an den Grenzen warten. Der Mensch muß sich immer schon als unheimliches Wesen wissen, das sich ins Grenzenlose erstrecken muß, wenn es seinen eigenen Grenzen und Gesetzen treu sein und zu sich selbst kommen will. Gerade das fürchten wir aber: die Entdeckung des Ungeheueren und des Unendlichen, deren wir fähig sind. Fähig und bedürftig. Hier wird über des Menschen Wert und Würde entschieden.

Es ist allerletzte Schwäche, wenn man auch vor den Augen des Herrn von seiner Schuld sich nicht trennen möchte. Auch an dieser

Schuld, an dieser trotzig geliebten Schuld, stirbt der Mensch; und er stirbt grausamer als der andere, der nur menschlich der Schuld erliegt, über dem aber doch noch die Tore der Barmherzigkeit Gottes offen sind und seine segnenden Hände noch ausgebreitet sind. Hier nimmt man Abschied wirklich von einer letzten Lösung und Deutung, einem letzten Verständnis der Schuld. An dieser unverstandenen Schuld verbrennt und stirbt der Mensch.

·

Die Erkenntnis, daß wir in der Meisterung und Verwaltung des Lebens unglückliche Hände haben, bleibt keinem erspart. Über die seinshafte Schuldigkeit erkennt jede Kreatur nicht nur die kreatürliche Brüchigkeit und Labilität, sondern auch den faulen Frieden, den wir mit den fehlerhaften Tendenzen oder Möglichkeiten unseres Daseins geschlossen haben. Den faulen Frieden und die schäbige, eigentlich schmutzige Verfassung, Zuständigkeit, die unter unserer Verantwortung durch ihn entstanden.

Der Mensch kann versuchen, seiner Schuld davonzulaufen. Das ist vergeblich; denn die Schuld steht in seiner Wirklichkeit. Er kann versuchen, sie einfach zu verleugnen, er kann den alten Griechentraum träumen, er kann sie wegdiskutieren: das alles mag ihm für eine kurze Stunde den Blick trüben und das Gewissen vernebeln. Die geschehenen Taten sind unterschriebene Wechsel. Und diese müssen eingelöst werden. Der Mensch kann sich von seiner Schuld nur lösen, wenn er sich zu ihr bekennt und zugleich erkennt und anerkennt, daß die Schuld der Kreatur eine Wunde schlug, deren Heilung alle Kunst und alle Kraft der Kreatur übersteigt. Als Schuldiger sich dem heilenden Segen Gottes stellen. Dieses Geschlecht braucht Menschen, die für seine Schuld vor Gott stehen.

Wieweit ein Mensch das Erlebnis seiner Schuld innerlich durchträgt, wieweit er ehrlich ist mit dem, was als dunkles Erlebnis in seinem Leben steht, muß jeder mit sich selbst ausmachen. Das ist eine Frage, die immer wieder vor jeden gestellt werden wird. Aber es ist eine der wesentlichsten Fragen des Menschen: was fängst du mit dem Dunklen an, das in dein Leben geraten – das du selber hereinriefst, in das vielleicht andere dich mit hineinzerren? *Was fängst du damit an?*

Nicht, daß wir in Schuld geraten — das wird immer so sein, so wie der Mensch ist –, aber was wir mit ihr anfangen und ob wir an ihr wachsen, das ist die Gewissensfrage an uns Christen. *Ob wir Zeuge sind* dafür, daß jenen, die Gott lieben, wirklich alles, auch ihre Nacht, auch ihr Absturz, auch ihre Sünde zum Heile wird.

Wo die Kreatur an sich selbst krank und müde ist und ihrer Armut sich bewußt wird, soll sie ihn (den Geist Gottes) rufen. Er ist der Spender. Durch die Mitteilung seiner selbst macht er uns zu Ebenbildern des Sohnes. Er macht uns des neuen Lebens teilhaftig und fähig. Er schafft in uns den höheren Sinn und den höheren Willen und das höhere Herz, auf daß wir glauben, hoffen und lieben – das heißt: gottnah und gottverbunden leben können. Er ist der Spender der Gaben im engeren Sinne, der so oft vergessenen, der unbekannten sieben Gaben des Heiligen Geistes. Damit ist ja nichts anderes gemeint als die Ausrüstung des Menschen mit neuen Fähigkeiten und Lebenstüchtigkeiten. Das übernatürliche Leben in uns ist echtes Leben, also differenziert. Je mehr Sinne in einem Menschen wach und aufnahmefähig sind, um so mehr lebt er. Je mehr Fähigkeiten der Gestaltung er einsetzen kann, um so mehr lebt er. Dies alles wächst und wird tüchtiger und kundiger, wenn geistige Organe wachsen unter dem schöpferischen Segen des dator munerum (des Spenders der Gaben). Es ist die Überwindung der menschlichen Kümmerlichkeit.

Es gibt für den schuldigen Menschen nur einen Weg zur Heilung: nicht zu fliehen vor der Einsicht oder Ahnung der Schuld. Sondern sich zu sich selbst, zu seiner Verantwortung und Fehlleistung zu bekennen, das mißlungene Werk des eigenen Lebens nicht zu verleugnen. Aber dieses Bekenntnis darf nicht zur Grabkammer des Lebens werden. Daß der Mensch einmal und öfters vor sich und seinen Möglichkeiten erschrickt, ist heilsam. Aber wehe, wenn er im Schrecken steckenbleibt oder durch ihn zu Müdigkeit und Resignation erdrückt wird. Dann ist erst recht alles verloren. Gerade in der Schuld muß der Mensch den innersten, feinsten Strebungen seines Wesens treu bleiben, und die verweisen ihn über sich selbst hinaus. Schuld ist immer eine Befleckung, oft eine Verstümmelung der Wirklichkeit. Der Herr des Daseins allein ist der Wiederherstellung fähig und mächtig und – willens. Gerade die schuldige Kreatur muß sich unter das heilende Wort Gottes stellen und seinem Heilswillen sich übergeben. Das ist ihre Leistung bei der Überwindung der Schuld: die Übergabe.

Wenn der Segen Gottes über uns gesprochen wird, wenn es von Gott her heißt: *ego te absolvo, du bist frei,* da geschieht viel. Da weiß der Mensch zunächst einmal von diesem Segen her, was Sünde ist – was er vielleicht aus seinem Schulderlebnis heraus nicht mehr genau weiß, weil Erziehung und Umgebung und schlafendes Gewissen den Blick getrübt haben. Daß man seine Sünde vor Gott tragen muß, zeigt, daß wir in der Sünde in eine Macht hineingeraten sind, die uns überlegen ist. Die Schuld ist nicht ein Verhängnis und nicht eine Müdigkeit und nicht eine Schwäche, sondern die Zerstörung der Wirklichkeit. Weil Sünde ein Sein zerstört, eine Wirklichkeit auslöscht, deswegen sind wir ihr gegenüber ohnmächtig. Wir haben ein Haus abgebrannt und haben keine Mittel, es neu aufzubauen. Es muß uns wirklich gegeben werden. Darum ist die letzte Überwindung dessen, was Sünde ist, nur von Gott her möglich, der das Haus neu gründen kann.

Es bedarf eines heilenden, schöpferischen Aufrufs, ja Eingriffes von Gott her, um die Schuld zu überwinden. Das gilt auch und erst recht, wenn es sich um den Ruf zur Intimität mit dem Geist Gottes handelt. Der Mensch wird sich der kreatürlichen Grenze und der schuldhaften Unwürdigkeit dann erst recht bewußt. Wieder bleibt nur die Übergabe, daß sich der Herrgott den zur intimen Lebensgemeinschaft Berufenen selbst bereite und richte.

Wie ein heilender Strom wird der Geist Gottes uns umströmen und durchströmen und die Flecken und Makel nicht dulden. Lava, quod est sordidum (Wasche, was da unrein ist): das muß das Gebet dessen sein, der nahe zu Gott kommen will. Das muß auch das Gebet dessen sein, der für die allgemeine Not den innersten Punkt der Überwindung sucht. Es bedarf großer Gnade und Güte Gottes. Es bedarf der Entsiegelung der göttlichen Heilsquellen durch die ehrliche Hinwendung, Übergabe und Bitte.

Die Wüsten müssen bestanden werden

Die Wüste ist Bewährung zur großen Freiheit, nicht endgültiges Schicksal. Die Wüsten müssen bestanden werden. Und ich weiß dies: ich bin nicht allein. Das Gesetz der Gnade gilt. Und ich weiß dies: ich bin nicht allein. Das Gesetz der Treue und der Liebe und des betenden Opfers gilt. Und ich weiß dies: der Stern wird über der Wüste stehen. Und ich muß den Strom des Heiles einströmen lassen. Und die Wasser unserer Bitternis werden gewandelt sein in den Wein der göttlichen Segnung und Weihung: Adoro und Suscipe (Ich bete an; nimm mich hin).

Die Männer, denen die Stunde der großen Freiheit im Stall zu Bethlehem schlug, hatten die Wüste bestanden. Die äußere Wüste der Einsamkeit, der verlassenen Heimat, der geopferten Bindungen und Beziehungen, der eintönigen und zähen Wanderfahrt. Und die innere Wüste der sternlosen Zeit, der Frage, des Zweifels, der Bangigkeit und Sorge. Es war ein weiter Weg, und selbst im Glanz der glückhaften Begegnung verloren ihre Gesichter nicht die Spuren der Stunden der Bewährung.

Die Wüste gehört dazu. Die menschliche Freiheit ist ein Ergebnis der Befreiung, eines zähen unermüdlichen Aufstiegs in einer feindseligen Wand. Kinder können vor der Krippe knien und adoro und suscipe sagen, und es gilt. Der Erwachsene aber muß sich die Echtheit der Worte und Gebärden neu erkämpfen oder erdulden, immer neu. Die menschliche Freiheit ist das Ergebnis einer zähen und harten Befreiung. Das gilt für die Freiheit in jedem echten Sinn. Der Mensch wird auch zu seinem Heil und Glück nicht vergewaltigt. Und ebensowenig ist das Leben eine Lotterie mit großen Losen. Die großen Lose sind doch immer Antwort auf den flehenden Anruf. „Wer hat, dem wird gegeben werden."

Die Wüste gehört dazu. Auch die physische Wüste. Man könnte eine Kulturgeschichte der Wüste schreiben. Alle die wirklich Großen haben die Einsamkeit und die Einöde bestanden, und die großen Urfragen, die dort den ausgesetzten Menschen sich stellen. Daß der Herr in die Wüste ging, zeigt nur, wie echt und ernst er die Gesetze des Menschen nahm. Und nach der bestandenen Wüste wurden die Versuchungen bestanden. Die großen Aufbrüche der Menschheit und des Menschen werden in der Wüste entschieden. Sie haben ihren Sinn und ihren Segen, die großen, leeren Räume, die den Menschen allein mit dem Wirklichen lassen.

Da haben wir Verheißungen gehört und Botschaften geglaubt und Sendungen gespürt, und plötzlich hängen wir allein im Schicksal. Das passiert so im Menschenleben. Auch im Christenleben? Sollte es nicht gerade da ganz anders sein? Aber es ist so.

Und gerade dies sind die Entscheidungsstunden für den Wert und Unwert unseres gläubigen Daseins. Wider das Zeugnis der Steine, an die unser Fuß gestoßen, wider das Zeugnis der Geißeln, die uns blutig geschlagen, wider das Zeugnis der Ketten, die uns binden, im Wort bleiben, unerschüttert und unermüdet stehenbleiben: das ist die große

Antwort, die ein Mensch Gott geben kann. Und nach der Gott jeden Menschen fragen wird. Jeden. Es wird keinem geschenkt, der wach und erwachsen vor Gott dem Herrn gelten soll.

Hundertfältig stellt Gott heute diese Frage. Daß wir fähig seien, die Antwort zu geben. Die Tugend der Unermüdlichkeit ist anstrengend. Aber sie erst macht den Menschen gottesfähig. Und öffnet ihm auch die Augen für die eigentliche Wirklichkeit Gottes.

Wohl einer Zeit, die ehrlich von sich meinen darf, sie sei keine Wüste. Wehe aber einer Zeit, in der die Stimmen der Rufenden in der Wüste verstummt sind, überschrien vom Tageslärm oder verboten oder untergegangen im Fortschrittstaumel oder gehemmt und leiser geworden aus Furcht und Feigheit. Die Verwüstung wird bald so schrecklich und allseitig geschehen, daß den Menschen das geschriebene Wort Wüste von selbst wieder einfällt. Ich glaube, wir wissen das.

Wenn der Glaube schwankt, die Hoffnung zerbricht, die Liebe erkaltet, die Anbetung erstarrt, der Zweifel nagt, der Kleinmut sich über alles Leben breitet wie das Leichentuch der Winterlandschaft, der Haß und die Anmaßung den inneren Atem würgen: dann ist das Leben auf den Tod verwundet. Dann ist es Zeit, umzukehren und den Geist von innen her neu bauen und schaffen zu lassen.

Wehe dem Menschen, der dann allein bleibt und nichts weiß von der inneren Nähe des Geistes. Der Mensch allein verzagt und versagt. Ich spüre es doch Tag für Tag, Stunde um Stunde: allein mit der Sache und Sachlage wäre ich schon längst innerlich erwürgt und erschlagen.

Und doch hilft mir der Geist Gottes immer wieder über die kleinen Stunden hinweg: ich weiß und spüre es. Allein hätte ich es schon lange nicht mehr geschafft. Gott heilt. Die heilende Kraft Gottes lebt in mir und mit mir.

Man muß sich immer an das Grundanliegen des Pfingstgebetes erinnern: den flehenden Dialog der armen Kreatur mit dem heilenden Schöpfergeist: Riga, quod est aridum (Tränke, was da dürre steht). In dieser Bitte spricht die Kreatur eines ihrer ärmsten Armutserlebnisse aus: das der Unfruchtbarkeit. Wenn die inneren Lieder verklungen sind und die inneren Brunnen nicht mehr strömen und das weite Land des inneren Lebens zur Wüste geworden ist: Sand, Sand, Steppe und Stein. Es gibt die persönliche Dürre, in die der einzelne geraten kann gerade im innersten Leben und Erleben, nicht nur im natürlichen Erkennen und Gestalten, sondern auch und gerade in der Gottesbegegnung, im lebendigen Dialog mit ihm, in der beständigen Partnerschaft.

Wenn der Mensch in eine Verfassung geraten ist, in der die Anbetung nicht mehr gelingt oder sogar dieser Verfassung wesensfremd ist, in der die Liebe nur noch als entartete Verzerrung bekannt und gewollt ist, in der der Mensch selbst nur noch als Karikatur seiner selbst existiert, existieren kann und mag: dann sind die Quellen verstummt, und die Wüste beginnt zu wandern und das noch grünende Land zu überlagern.

Schließlich die Dürre, die uns überfällt als Ermüdung und Überanstrengung. Gottes Lasten können sehr schwer sein und seine Tage sehr dunkel und heiß. Der Mensch mag sich mühen und anstrengen: er findet seine Grenze, und er braucht außergewöhnliche Hilfe und Pflege von oben.

Und noch ein letztes Mal gerät der Mensch in die Wüste: wenn Gott ihn in die Einöde der Prüfung und Auslastung schickt. Er soll ruhig gehen, aber inständig und treuherzig nach Gottes Hand greifen. Die Wüsten müssen bestanden werden, die Wüsten der Einsamkeit, der Weglosigkeit, der Schermut, der Sinnlosigkeit, der Preisgegebenheit. Gott, der die Wüste schuf, erschließt auch die Quellen, die sie in fruchtbares Land verwandeln. Das flehende Herz und der vertrauende Sinn rufen seine Treue.

Es steht schlimm um ein Leben, wenn es die Wüste nicht besteht oder sie meidet. Die Stunden der Einsamkeit müssen mit denen der Gemeinsamkeit in einem bestimmten Verhältnis stehen, sonst verkümmern die Horizonte und werden die Gehalte zerredet und vertan. Das ist eine der bewußten Befreiungstaten, die der Mensch an sich selbst tun muß, daß er sich immer wieder in der Einsamkeit dem großen Frager und dem echten Anblick der Dinge stellt. Die Wüste gehört dazu. Allein und schutzlos den Winden und Wettern, dem Tag und der Nacht und den bangen Zwischenstunden preisgegeben. Und dem schweigenden Gott. Ja, auch dies ist eine, nein, es ist *die* Preisgegebenheit. Und hier wächst die zur Erlangung der Freiheit wichtigste Tüchtigkeit des Herzens und Geistes: die Unermüdlichkeit.

Auf vielerlei Weise kann der Mensch der Erstarrung verfallen. Er kann versuchen, sich im Raum der Dinge endgültig anzusiedeln, ähnlich dem Prasser im Evangelium. Wenn Gott gnädig ist, brennt er ihm die Scheunen zusammen, bevor er ihn selbst in die letzte Prüfung ruft. Diese Erstarrung im Raum der Dinge, diese Fixierung in Besitz, Häusern, Geld, Schmuck und Kunst und gutem Leben war das Schicksal des letzten Jahrhunderts. Die einen waren an diese Dinge verloren; die anderen protestierten, nicht gegen die Gefährdung des Menschen durch diese Art der Bindung, sondern gegen die Tatsache, daß es ihnen noch nicht möglich war, sich so an die Dinge zu verlieren, weil sie sie noch nicht besaßen. Heute brennen die Dinge und Häuser und mehr als das. Wenn aus diesen harten Zeiten nicht eine neue Freiheit und Kühnheit ersteht, hat der Mensch wieder einmal eine große Stunde versäumt.

Die Erstarrung in Schrecken, die Verhärtung durch das Erlebnis und aus Erlebtem sind oft eine Notwehr, ebensooft eine Gefährdung des menschlichen Lebens selbst. Nur wer in der

Kraft Gottes in diese Stürme gerät, wird sie in innerer Lebendigkeit bestehen, auch wenn er fällt. Die Erquickung des strömenden Geistes muß und wird das Dasein von innen her frisch halten und uns befähigen, weder der Versuchung der Dinge noch der eigenen Müdigkeit und Sehnsucht nach Geborgenheit, noch den harten Schicksalen zu unterliegen. Der liebende Geist Gottes muß helfen und die liebende Hand und Geduld derer, denen die Gnade des nichterstarrten Lebens gegeben wurde.

Die Stunde der Anfechtung wird niemand geschenkt. Nur in ihr lernt der Mensch sich selbst kennen und ahnt, welche Entscheidungen von ihm erwartet werden.

Die Anfechtung überfällt uns von außen und von innen. Die Macht, die Gewalt, der Schmerz, die erlebte Erniedrigung, das eigene Versagen, der schweigende Gott, die äußerste Hilflosigkeit: das alles kann bittere Entscheidungen fordern.

Die einzige Chance, diese Stunden zu bestehen, ist der Herrgott, und daß man sich nicht freiwillig in sie begeben hat. Der Herr heißt uns bitten, daß diese Stunden uns erspart bleiben. Ich rate allen, diese Bitte ernst zu nehmen. Der Mensch muß auf alle falsche Sicherheit verzichten, und er wird der großen Ruhe und Überlegenheit des Herrgotts teilhaftig.

Den Lasten Gottes soll man nicht ausweichen. Sie sind zugleich der Weg in den Segen Gottes. Und wer dem herben und harten Leben die Treue hält, dem werden die inneren Brunnen der Wirklichkeit entsiegelt, und ihm ist die Welt in ganz anderem Sinn nicht stumm, als er ahnen konnte. Die Silberfäden des Gottesgeheimnisses alles Wirklichen fangen an zu glänzen und zu singen. Die Last ist gesegnet, weil sie als Last Gottes anerkannt und getragen wurde.

Dies ist die erste Jahreswende, an der ich nicht einmal über ein Stück Brot verfüge. Über gar nichts. Als einziges Geschenk hat der Mann die Fessel so nachlässig geschlossen, daß ich mit der linken Hand herausschlüpfen kann. Nun hängt sie an der rechten, und ich kann wenigstens schreiben. Nur muß ich ein Ohr immer zur Tür hinaushängen; wehe, wenn sie mich so erwischen.

Man kann aus dem Brot ein Idol und aus dem Bauch einen Götzen machen. Ja, aber man muß einmal gehungert haben, wochenlang. Man muß einmal erlebt haben, daß einem ein unerwartetes Stück Brot wie eine Gnade vom Himmel zukommt. Man muß gespürt haben diesen Einfluß des Hungers auf jede Lebensregung, um die Ehrfurcht vor dem Brot und die Sorge um das Brot wieder zu lernen. Und solange Menschen hungern und ihnen das tägliche Brot etwas Unwahrscheinliches ist, so lange wird man diesen Menschen sowohl das Reich Gottes als auch das irdische Reich vergebens predigen ... Die Brotsorge muß aber immer Brotbitte bleiben. Sonst verliert sich der Mensch im irdischen Raum. Er muß wissen: Unser Brot, es mag noch so reichlich und gesichert da sein, wird jeden Tag gegeben aus der ewigen Hand.

Deswegen bitten wir auch nicht um die vollen Scheuern und die reichen Vorratskammern, sondern um das tägliche Brot. Die Ungeborgenheit und Gefährdung des menschlichen Lebens klingt hier durch. Und daß das Leben im Vertrauen sich erst bewährt, nicht in der Sicherheit ... Das Brot ist wichtig und ehrwürdig, aber nicht das Brot allein erhält den Menschen ... Brot ist wichtig, die Freiheit ist wichtiger, am wichtigsten aber die ungebrochene Treue und die unverratene Anbetung.

Was hilft es mir in meiner jetzigen Lage, etwas von der Größe, die der Mensch haben müßte, zu vernehmen? In dieser Ausgestoßenheit und Einsamkeit und Gebundenheit! Aber da auf seinen einsamen Straßen die wärmende Nähe des Geistes zu spüren und seinen kräftigen Anhauch, das hilft wieder ein Stück weiter. Und die Dinge haben ihre Übermacht verloren, da Gott sich rufen läßt als Gott der Fülle, der Spendung des stärkenden Segens. Veni, dator munerum (Komm, Spender aller Gaben). Er findet Wege und Weisen der Tröstung, er hat Arten der Aufmerksamkeit, die die Zartheit und Findigkeit menschlicher Liebe weit übertreffen.

Gefangenschaft: Man nennt dieses Wort oft, aber man muß selbst einmal Gefangenschaft ausgehalten haben, um zu wissen, was für unser inneres Wesen da gesagt wird. Man muß einmal im engen Raum und in Eisen gesessen sein, in der Ecke die zerfetzte Fahne der Freiheit haben stehen sehen in tausend Bildern der Schwermut. Immer wieder fliegt das Herz davon, und versucht der Geist sich in der freien Erhebung, aber nur, um beim nächsten Schritt der Runde und beim nächsten Klirren der

Schlüssel um so endgültiger zur Wirklichkeit zu erwachen. Und dabei wissen: du bist ohnmächtig. Du hast keinen Schlüssel, und deine Tür hat innen kein Schloß, und dein Fenster ist vergittert und liegt so hoch, daß du nicht einmal hinausschauen kannst. Wenn nicht einer kommt und aufmacht, bleibst du gebunden und arm im Elend. Es helfen alle geistigen Überwindungen nichts, dies ist eine Tatsache und ein Zustand, der gilt und anerkannt sein will.

Ja, und in diesem Zustand steht unser Menschenwesen. Das heißt, der Mensch ist deswegen so arm und lebensuntüchtig und brüchig geworden, weil Gottes Befreiung an ihm nicht geschehen ist. Genau so, wie ich weiß, daß nur der Herrgott meine Fesseln lösen und meine Tür öffnen kann und wird, genauso geht es dem Menschen. Es bedarf aber für ihn der rechten Einsicht in diesen Sachverhalt des harrenden Rufens nach dem erlösenden Gott und der wartenden Offenheit. Gott vergewaltigt den Menschen nicht zu seinem Heil.

Die große Bekehrung wird dem Menschen die Wüste weihen und wandeln. Sie wird ihm neue Perspektiven öffnen und ihm die alten Quellen entsiegeln. Erheben soll der Mensch sich zu Gott und nicht nur zur Sinnhaftigkeit seines Lebens. Aber sowie das Leben sich der Mitte wieder öffnet und ergibt, zugleich und ebenso eindringlich gewinnt es seine Freiheit und seine Herrschaft zurück, wird ihm der Blick für Zusammenhänge und Inhalte wieder geöffnet, und seine Erde ist wieder fruchtbar durchflutet von den Strömen des Auftrags, der Bewährung, der Meisterschaft, Ströme, die das Schiff des Lebens immer noch tragen und weiterführen.

Das große Rufen nach Gott

Das große Rufen nach Gott muß anheben und darf nicht mehr nachlassen. Man muß ihn beim Wort nehmen . . . Es gibt ein Vertrauen, das ihn ruft und von dem er sich willig rufen läßt. Die Verwirklichung vieler großer Dinge, das Geschehen mancher echten Wunder hängt nur von der Großmut ab, die man Gott zutraut. Er wird nicht immer das Paradewunder tun; auch dieses, der Erweis in Macht, wird immer wieder dasein. Aber er kann und wird mit göttlicher Souveränität die tausend Kleinigkeiten der innerweltlichen Kausalität und Logik so fügen, daß am Ende sein Ergebnis steht. Wer das Vertrauen hatte, war des Ergebnisses sicher; den Weg überließ er dem Herrgott. Und wen der Herr so in seiner eigenen Sicherheit überwindet, der steht sprachlos und erstaunt.

Der Ernst der Lage ist unerbittlich, so unwirklich und traumhaft er mir auch oft vorkommt. Aber die Worte des Herrn sind gesprochen, und er hat uns selbst aufgefordert zu diesem Glauben, dem der Berg weicht, zu diesem Vertrauen, dem er sich nicht versagt. Das sind von ihm gesetzte Tatsachen, die man ernst nehmen kann und muß.

Dem Gebet soll sein Sinn bleiben, und der ist dieser, daß es eben Stunden gibt, in denen nur das eine zu tun bleibt: das ganze Weh und die arge Not in einen Flehruf, in einen Schrei nach Erbarmen und Hilfe zu sammeln. Und ihn hinaufzurufen oder zu schreien oder zu weinen und zu klagen und zu wimmern zum Gott des Heilswillens. Das ganze Weh in sich hineinzuklagen in jenen heiligen Raum, in dem Gott unser Selbst anrührt und es liebt und ihm gut ist. Irgendwann muß alles Denken und müssen alle Fluchtversuche aufhören. Man muß ganz ruhig liegen, sonst reißen die Dornen des Gestrüpps, in das man gefallen ist, nur neue Wunden. Ganz ruhig liegen und seine Ohnmacht wissen und die heilende Hand Gottes suchen. Seinen heiligen und heilenden Strom herausweinen, in uns hineinleiten, der uns von innen her den Dingen gewachsen machen wird. Es gibt die Wunden der Not, aber es gibt auch die Wunder der Not.

Deswegen soll der Mensch auch in der äußersten Not die Zuversicht nicht aufgeben. Er soll bedenken, daß der Herrgott sein Leben teilt, daß er vom Heiligen Geist in die Intimität mit Gott berufen ist und so der Herrgott selbst nun die harten Zeiten und Strecken mit durchwandert, also die äußere Bedrängnis tragen hilft. Daß der schöpferische und heilende Geist Gottes jeder Wirklichkeitsfaser des Menschen gegenwärtig ist und alles kreatürliche Leben des Berufenen und Willigen von innen heraus mitlebt. Auch das leidende und verwundete Leben. Deswegen soll sich der Mensch immer im Besitz der Heilskraft wissen, die genügt, die Wunden auszuhalten, ohne vor Schmerz wahnsinnig zu werden, und die Verwundungen wenigstens so weit zu heilen, daß das Ganze lebensfähig und lebenstüchtig bleibt. Nicht aus eigenem soll der Mensch sich dies zutrauen, sondern weil er weiß, daß der Herrgott sein Leben mitlebt.

Ich gebe mir Mühe und entdecke immer neue Seiten Gottes: Die Welt ist Gottes voll, auch das Elend ist Kommen Gottes, Begegnung, Entscheidung und auch Tröstung und Segnung. Sie haben mir soviel schon geholfen. Die Erfahrung, daß ein Stück Brot eine große Gnade sein kann, ist neu für mich. Aber überhaupt das Bewußtsein, daß es Menschen in der Nähe gibt, die Sorge und Sinn für einen haben, ist so oft ein guter Trost. Und wie oft kamen Sie gerade in Stunden der Depression. Ich werde nie vergessen, das erste Mal um den 15. August. – Ich kam gerade von einer elenden Prügelei heim, zerschlagen, trostlos, hilflos: da kamen ganz unprogrammäßig Ihre guten Dinge. Es sind die Dinge selbst, die gute Botschaft sind, mehr noch aber die Dinge als Boten von Menschen, die in die Einsamkeit kommen.

Die Kreatur muß über sich selbst hinaus rufen, um der wirklichen Kraft teilhaft zu werden. Es ist der erste Schritt zu Rettung und Heil, wenn der Mensch erkennt und anerkennt, daß er selbst nicht genügt. Daß er der Sendung und Ordnung Gottes bedarf, der dauernden Führung und Heilung, wenn er den Schicksalen gewachsen bleiben will.

Wenn wir müde sind und verzagen, sollen wir nicht zuerst die Übermacht der Schicksale messen und aufzählen, sondern nur fragen, ob wir nahe genug bei Gott sind und ob wir genug gerufen haben. Die ewigen Berge, von denen Hilfe kommt, sind da. Und ihre Hilfe ist bereit und wartet und kommt. Ich lebe doch gerade den Beweis für diese Wahrheit. Gott erzieht mich direkt und konsequent zu dieser Einsicht. Alles, was ich an Sicherheit und Klugheit und Schläue mitbrachte, ist unter der Wucht und Härte der Widrigkeiten zersplittert. Dios solo basta. Diese Monate haben mir viel zerschlagen, dem Urteil nach zuletzt die ganze physische Existenz. Und doch sind so viele Wunder geschehen. Gott hat diese Sache ganz in seine eigene Regie genommen. Und ich habe das Rufen gelernt und das Warten auf die Botschaft und Kraft der ewigen Berge.

Gott hat so viele Möglichkeiten, uns wieder einmal aufzurichten und ein Stück weiterzuführen. Wie oft habe ich das schon erfahren in diesen langen und bangen Wochen. Ich bin guter Zuversicht. Es ist so tröstlich, das Gebet und die Treue der Freunde hinter sich zu wissen. Das sind andere Realitäten, und mit ihnen werden wir es schaffen. Gott gegen die Macht: Gott, gerufen von der Treue und der Liebe und der Zuversicht.

Der Glaube ist der Ort der Begegnung ... und zwar der Glaube als personale Hingabe. Es handelt sich hier um mehr als um die Annahme von Wahrheit auf Grund der Bürgschaft des Herrgotts. Dies ist der Anfang und das mindeste, was der Mensch an Offenheit und Willigkeit mitbringen und leisten muß. Wer seine Welt auf den Raum des Ergreifens und Begreifens einschränkt, der kommt gar nie in die Nähe dieses lebendigen Gottes. Der Glaube ist der erste Schritt des Menschen von sich weg zum Herrgott hin. Die endgültige

Anerkennung des Herrgotts als Mitte und absolute Gültigkeit, auch gegen sich selbst und allen anderen Anschein. Dieser Entschluß muß sich zu einem personalen Wort, einer personalen Treue verdichten. Da erst wird er richtig lebendig und lebenspendend. Die Welt und Wirklichkeit des Heiligen Geistes wird uns im Glauben, als Botschaft des Glaubens, kund. Aber eigentlich wirklich und wirksam wird sie für uns erst, wenn wir sie als persönlichen Heilswillen Gottes zu uns, den einzelnen, verstehen und die entsprechende persönliche Antwort geben.

Es ist kein Grund zu Verzagen und Verzicht und Betrübnis, sondern Zeit der Zuversicht und des unermüdlichen Rufens. Wir müssen uns mit Gott gegen unsere Not verbünden. Dieses Wort ernst nehmen. Fiat misericordia tua super nos, quemadmodum speravimus in te. (Es geschehe an uns Deine Barmherzigkeit, so wie wir auf Dich gehofft haben.) Da ist das Maß gesetzt, an das Gott sich bindet. Seine

Nähe ist so dicht, als unsere Sehnsucht echt; sein Erbarmen so groß, als unser Ruf nach ihm ernst; seine Befreiung so nah und wirksam, als unser Glaube an ihn und sein Kommen unerschüttert und unerschütterlich. Das gilt!

Jetzt erst wird Gott die eigentliche und eigenste Kraft und schöpferische Ursache. Halten wir Ihm halt weiter die gefesselten Hände als Anerkennung der inneren Bindung hin, und setzen wir weiterhin die ganze Existenz auf ihn. Daß sich das ganze Leben so in eine Weite der Anbetung und Übergabe sammeln kann! Und auch des Vertrauens!

Wir sind trotz des Geistes, der uns innewohnt, oft so müde und furchtsam, weil wir dem Geist Gottes nicht zutrauen, aus uns etwas zu machen. Wir glauben der eigenen Dürftigkeit mehr als den schöpferischen Impulsen des Herrgotts, der in uns unser Leben mitlebt. Daraufkommt es an, auf das Vertrauen, daß wir immer noch geeignet sind, uns den schöpferischen Segnungen Gottes zu ergeben und unter diesen Segnungen erfüllte und lebenstüchtige Menschen zu werden. Selig, die Hunger und Durst haben.

Dem Menschen, der seine Bedürftigkeit anerkennt, der die Eitelkeit, die Anmaßung, die Sicherheit, die Überhebung, den Bettlerstolz von sich tut und sich Gott in seiner nackten Ungeborgenheit und Unversorgtheit vorstellt, dem geschehen Wunder der Liebe und Erbarmung. Von der Tröstung des Herzens und der Erleuchtung des Geistes bis zur Stillung von Hunger und Durst. Es ist der lebendige Gott, der Schöpfergeist, den wir rufen. Arm sind wir. Laßt uns das Gesetz der Not anerkennen und beten für uns und für das Land.

Das Verhältnis des Menschen zu Gott ist trotz aller kreatürlichen Abhängigkeit, Distanz und Untertänigkeit ein Vertrauensverhältnis. Gott hat viele seiner Verheißungen an das Vertrauen gebunden, das Menschen ihm entgegenbringen. Die Verwirklichung vieler Wunder und Gnaden Gottes hängt von dem Vertrauen ab, mit dem sie erwartet und erbetet werden. Der Mensch hat hier eine Zuständigkeit und Macht über Gott bekommen, an die er oft gar nicht glaubt und die deshalb ohne Ergebnisse bleibt. Kleingläubig nennt der Herr die Jünger, die ihm nicht zutrauen, mit ein paar Naturerscheinungen, Naturgesetzen oder sonstigen Konsequenzen der natürlichen Logik fertig zu werden. Man muß sich auf jeden Fall in die Verfassung bringen, daß die Dinge nicht daran scheitern, daß wir sie Gott nicht zugetraut haben.

Das Vertrauen ist die Vollendung des Glaubens, noch nicht bis zur Höchstform der Liebe, aber doch bis zur Sicherheit und Geborgenheit, die uns zukommt, wenn wir um den festen Boden wissen, auf dem wir stehen, und uns auf seine verbürgte Festigkeit verlassen. Das Vertrauen ist die Ruhe und Zuversicht, die den Menschen überkommt, wenn er weiß, daß er sich auf die Wertigkeit und Tragfähigkeit des Seins, das ihm zur Verfügung steht, verlassen kann. Vertrauen: das heißt, sich auf etwas verlassen, gegen allen Zweifel und Vorbehalt und anderen Schein.

Den diesjährigen Advent sehe ich so intensiv und ahnungsvoll wie noch nie. Wenn ich in meiner Zelle auf und ab gehe, drei Schritte hin und drei Schritte her, die Hände in Eisen, vor mir das ungewisse Schicksal, dann verstehe ich ganz anders als sonst die alten Verheißungen vom kommenden Herrn, der erlösen und befreien wird ... Der Schrecken dieser Zeit wäre nicht auszuhalten – wie überhaupt der Schrecken, den uns unsere Erdensituation bereitet, wenn wir sie begreifen –, wenn nicht dieses andere Wissen uns immer wieder ermunterte und aufrichtete, das Wissen von den Verheißungen, die mitten im Schrecken gesprochen werden und gelten.

Anbeten, vernehmen, künden: das ist das Leben des Geistes. Die Anbetung macht ihn fähig des Vernehmens, indem sie alles Gekrampfte und Versperrte löst. Die Botschaft, die vernommen wird, macht ihn reich und erfüllt die innerste Ordnung und Anlage. Das Zeugnis aber ist die Vollendung des Daseins und Lebens selbst.

Laßt uns Gott wieder rühmen in Anbetung, Verkündigung und Jubel, und wir werden wieder Worte zu sagen haben voll Gehalt und Wert, wir werden wieder Gesichte schauen und Geheimnisse wissen, und das Leben wird wieder nach der Entscheidung und Einsicht und Botschaft des Geistes fragen und nicht nur nach der größeren Wucht des größeren Triebes.

An den goldenen Samen Gottes glauben, den die Engel ausgestreut haben und immer noch den offenen Herzen anbieten, das ist das erste, was der Mensch zu seinem Leben tun muß. Und das andere: selbst als kündender Bote durch diese grauen Tage gehen. So viel Mut bedarf der Stärkung, so viel Verzweiflung der Tröstung, so viel Härte der milden Hand und der aufhellenden Deutung, so viel Einsamkeit schreit nach dem befreienden Wort, so viel Verlust und Schmerz sucht einen inneren Sinn. Gottes Boten wissen um den Segen, den der Herrgott auch in diese geschichtlichen Stunden hineingesät hat. Gläubig harren auf die Fruchtbarkeit der schweigenden Erde und die Fülle der kommenden Ernte, das heißt die Welt, auch diese Welt im Advent verstehen. Gläubig harren: aber nicht mehr, weil wir der Erde trauen oder unserm Stern oder dem Temperament und dem guten Mut; nur noch weil wir die Botschaften Gottes vernommen haben und von seinen kündenden Engeln wissen und selbst einem begegnet sind.

Laßt uns hinknien und bitten um die hellen Augen, die fähig sind, Gottes kündende Boten zu sehen, um die wachen Herzen, die kundig sind, die Worte der Verheißung zu vernehmen. Die Welt ist mehr als ihre Last und das Leben mehr als die Summe seiner grauen Tage. Die goldenen Fäden der echten Wirklichkeit schlagen schon überall durch. Laßt uns dies wissen, und laßt uns selbst tröstender Bote sein. Durch den die Hoffnung wächst, der ist ein Mensch selbst der Hoffnung und der Verheißung.

Das Leben ist den grausamen und unbarmherzigen Mächten entrissen, auch heute und für immer. Laßt uns geduldig sein und warten, adventlich warten auf die Stunde, in der es dem Herrn gefällt, auch in dieser Nacht als Frucht und Geheimnis dieser Zeit neu zu erscheinen.

Gott ist als ein Brunnen in uns

In uns selbst strömen die Quellen des Heiles und der Heilung. Gott ist als ein Brunnen in uns, zu dem wir zu Gast und Einkehr geladen sind. Diese inneren Quellen müssen wir finden und immer wieder strömen lassen in das Land unseres Lebens. Dann wird keine Wüste. Ich will euch erquicken: Das alte Herrenwort wird vom strömenden Geist Gottes eingelöst. Von innen her wird uns die Kraft und die geistige Sicherheit und Überlegenheit kommen. Wie oft habe ich dies erfahren in der Hetze und Gejagtheit dieser Monate, unter der Last und Übermacht: daß auf einmal die Frische und die Kraft von innen her aufgehen als morgendliche Sonne ... Wenn wir die inneren Quellen nicht finden, helfen uns keine Anspannungen und keine äußere Ruhe. Wo aber der Geist Gottes den Menschen anrührt, da gerät er über seine Maße hinaus, und es ist immer etwas von der heiligen Stille und seligen Ruhe, der erholsamen Ruhe der Gottesnähe, des Domes der Waldlandschaft, der guten Freundschaft in ihm.

Du bester Tröster, Du. Man muß dem Wort den harmlosen und tantenhaften Sinn nehmen. Die Trostlosigkeit ist ein Zustand des Geistes und Gemütes, der sich ergibt aus der erfahrenen und erkannten Kümmerlichkeit und Dürftigkeit der Verhältnisse, der Zustände, der Wirklichkeit, besonders der eigenen. Das Trösten besteht nun nicht im billigen Wegreden der trostlosen Lage. Sondern entweder im Schaffen neuer Zustände, über die der Geist wieder sich freuen kann, zufrieden sein kann. Denn das ist der Trost: der Zustand des Geistes und Gemütes, der sich ergibt aus der erfahrenen und erkannten Sicherheit, Beständigkeit, Ordentlichkeit, Sauberkeit und Fülle der Wirklichkeit. Der echte Tröster muß entweder diese neue Lage schaffen oder die alte Lage in solche echten Zusammenhänge bringen, in denen der Kümmerlichkeitscharakter schwindet, die ganze Lage einen echten Sinn bekommt. Beides aber ist gerade das Werk des Geistes an uns. Der dator munerum und pater pauperum (der Spender aller Gaben und der Vater der Armen) überwindet die eigene Kümmerlichkeit, und das lumen cordium (das Licht der Herzen) gibt uns das Gespür für die wirklichen Zusammenhänge. In der Kraft dieses Geistes sind wir den Schicksalen und den trostlosen Stunden gewachsen.

Gott als Vater, als Ursprung, als Führung, als Erbarmen, das sind die inneren Gewalten, die den Menschen diesen Stürmen und Überfällen gewachsen machen. Und es wird hier mehr berichtet als nur eine Botschaft, eine Wahrheit. Dem Glaubenden geschieht die Väterlichkeit, das Erbarmen, die bergende Kraft in tausend stillen Weisen, mitten in all diesen Überfällen und Aussichtslosigkeiten und Preisgegebenheiten. Gott hat Worte, wunderbarer Tröstung und Erhebung voll. Gott hat Wege zum Menschen in alle Verlassenheiten hinein.

Der Geist erschien damals in Feuerzungen. Aber so ist es bei Gott: Gott ist kein Zerstörer seiner Kreatur, sondern sein Wille zu ihr ist

Heilswille. Und so ist seine Glut heilend und kühlend. Und im Anhauch des Geistes wächst der Mensch über sich selbst und die kreatürlichen und dämonischen Wildheiten hinaus. Er wird fähig des Maßes und der Meisterschaft. Das heilige Feuer Gottes im Menschen macht uns unempfänglich für die Feuerbrände der Zerstörung und Verwüstung. Gott ist Feuer und Wasser zugleich. Nur die des Heiligen Geistes voll sind, werden in diesen Zeiten der brennenden Bedrängnis noch ein Wort zu sagen und ein Werk zu wagen haben. Die Gabe der Kunst der Maße, des echten Überblickes, der gestrafften Zügel und wiederhergestellten Dämme und die Gabe des starken Mutes zur Beständigkeit und Beharrlichkeit gehören zusammen.

Es gibt Tage im Sommer, in denen das Licht uns als spürbarer Segen umgibt. Etwa auf einer Waldwiese oder mitten in einem reifenden Kornfeld oder auf einem See. Das Empfinden des Menschen öffnet und weitet sich, er weiß sich eins mit der Kreatur um ihn herum und erfährt eine beglückende Ahnung von den reifenden und heilenden und segnenden Kräften, die im Kosmos geborgen sind. Und die nur der offene und ehrfürchtige und behutsame Mensch erfährt. Das ist Ahnung und schwaches Abbild der Gotteserfahrung der lux beatissima. Daß es Stunden gibt, in denen der Herrgott wie zärtliche Wogen des Glücks seinen Menschen umgibt, umströmt, in ihn einströmt und ihn durchfließt, in denen der Mensch sich wirklich einbezogen weiß in den seligen Lebensstrom der Gottheit. Einmal wird das unsere ewige Seligkeit ausmachen. Jetzt geschieht es seinsmäßig schon immer als Zustand der Begnadung, der Gotteskindschaft und bewußtseinsmäßig in den hohen Stunden der Begegnung. Aber es ist. Und von diesen Stunden kann man leben, viele Wüstentage hindurch und viele Wüstennächte, weil das Dasein, dem dies geschenkt wurde, das stille Lächeln Gottes in allen Dingen und Zuständen und Verhältnissen sieht.

Hat es überhaupt Sinn, sich über die Freude viel Gedanken zu machen? Gehört sie nicht zu den Luxusartikeln des Lebens? Und erst recht nicht in einer Kerkerzelle, in der man hin- und herpendelt, die Hände in Eisen, das Herz in alle Winde der Sehnsucht gespannt, den Kopf voller Sorgen und Fragen?

Und dann muß es einem in solcher Lage immer wieder geschehen, daß plötzlich das Herz die Fülle des zuströmenden Lebens und Glückes nicht mehr zu fassen vermag. Daß plötzlich und ohne daß man weiß, warum und worüber, wieder Fahnen über dem Dasein gesetzt sind und wieder Verheißungen gelten.

Es gab und gibt Stunden, in denen man getröstet ist und innerlich gehoben, in denen man die Sachlage genauso real und aussichtslos sieht wie sonst und doch nicht gram wird darüber, sondern es wirklich fertigbringt, das Ganze dem Herrn zu überlassen.

Das Wort von der Tröstung ... ist so wirklich wie die Fessel an meinen Händen: Wenn der Geist den Menschen anrührt, gibt er diesem die Gewißheit von der schöpferischen Freiheit Gottes, von der großen Notwende, zu der Gott fähig und willens ist. Dies ist schon eine erste Erhebung, daß der Mensch über sich selbst hinausgeschoben wird und zum Träger, Eigentümer neuer Fähigkeiten und Tüchtigkeiten, von denen er vorher keine Ahnung hatte. Neue Sinnzusammenhänge gehen ihm auf, die Dinge und Zustände enthüllen sich als Träger einer Botschaft, der Johannesbotschaft der Umkehr und Heimkehr. Das elendeste Schicksal vernimmt das Wort vom Samenkorn, den Ruf zum Opfer, von dessen Befolgung allein die Menschheit immer wieder leben kann. Der Mensch erfährt innere Impulse von Wärme und Kraft und Licht, die wie gesegnete Ströme in die Wüste einbrechen und sie wandeln in fruchtbares Land.

Von innen her wird die Ruhe uns zuwachsen und uns aus der Hetze und Jagd herausheben, auch wenn wir alle ihre Bindungen einhalten und alle ihre Pflichten weiter tun müssen. Das ist ja die Eigenart des Geistes, sich mitten in die Kreatur einzufügen, ihr Leben mitzuleben und genau da, wo ihre stärkste Not auf ihr lastet, als der helfende und heilende Gott am kräftigsten sichtbar und spürbar zu werden. Der Geist wird uns helfen, diese große Tugend der Unermüdlichkeit zu leisten. Vom Geiste und vom Heiligen Geiste her stärker zu sein als die Wucht, überlegener und sicherer als die jagende Unruhe unseres Daseins. Er gibt uns die freie Überlegenheit und die schweigende Fülle, die uns nie endgültig erschöpft werden lassen. Und mögen wir noch so oft meinen, am Ende zu sein – der neue Anruf findet uns nicht nur willig, sondern auch fähig im Namen Gottes. Nur müssen wir innerlich immer in der Haltung der Offenheit, des Lauschens nach dorthin, der Bereitschaft und Partnerschaft bleiben . . . Dem Rufenden und Wissenden und Dürstenden schenkt sich der Geist Gottes in jeden Lärm und jede Not und jede Müdigkeit hinein. Darum ist dies heute unser Gebet zum Schöpfer Geist, der schafft und erschafft und überwindet und ausweitet und uns zu uns selbst bringt mitten in der Eigenart und Eigenheit des persönlichen Lebens.

Die Intimität mit dem Heiligen Geist ist die konkrete Form der Begnadung, also der Partnerschaft und Begegnung. Darüber hinaus bringt der Heilige Geist durch den eigenen Organismus des Heiligen Geistes, mit dem er den Organismus des Geistes überlagert und verstärkt, eben gerade die Ertüchtigung und Befähigung zum gelungenen Leben, die Souveränität der Meisterung in uns hervor, die unsere seins- oder daseinsmäßige Schwächung, Labilität, Gehemmtheit nicht bloß überwindet und ausgleicht, sondern überbietet. Der Mensch im Heiligen Geist ist selbst für sich und den anderen ein wertvollerer Mensch, und er hat in der Begegnung mit dem Leben, den Dingen, der Wirklichkeit den gütigeren und klareren Blick und die heilendere Hand. Er segnet und wird gesegnet.

Wie alle echte Intimität, so beruht auch die Intimität mit dem Geist Gottes auf der vertrauensvollen Hingabe und Offenheit. Auch der Geist Gottes vergewaltigt den Menschen nicht, auch nicht zu des Menschen Glück und zu seiner erfüllten Verwirklichung. So bleibt dieser Dialog echter Dialog, auch wenn die schöpferische Kraft nur von Gott her ausgeht und uns anrührt. Wenn je eine Intimität innerer Sorge und Pflege bedarf, einer ehrfürchtigen Behutsamkeit und Wachheit, dann diese. Der Mensch, der mit groben Sinnen und derben inneren Gebräuchen in diesen Dialog eintritt, begibt sich vieler Gnaden und Segnungen. Er überhört so viele innere Worte und Weisungen, diese leisen Sendungen, diese zarte und vornehme Verhaltenheit Gottes. Es gibt auch Stunden, in denen Gottes Licht wie ein Blitz in den Menschen fällt oder wie eine schwere Last die Wasser unseres Daseins bis auf den Grund in Bewegung bringt. Auch diese Stunden sind Anfragen und Angebote, die der Mensch versäumen kann. Aber für die ständige Führung dieses Dialogs bedarf es einer hellhörigen Wachheit und empfindsamen Offenheit über sich selbst hinaus. Und die beständig unternommene Verlagerung der eigenen Lebensmitte in den Herrgott. Die Zuversicht, mit der wir uns Gott nahen, ist das offene Tor, durch das Gottes Wunder, Gottes Kräfte und Gott selbst in unser Leben einziehen.

Dulcis: süß, nennt das Gebet die Anwesenheit des göttlichen Freundes. Wir scheuen uns oft, dieses Wort in diesem Zusammenhang in den Mund zu nehmen ... Dabei sollen wir uns ganz klar sein, daß dieses Wort, wie so viele andere der inneren Religiosität, dem Erlebnisfeld der menschlichen Liebe entnommen ist. Die großen echten Urbewegungen des Geistes sind innerlich verschwistert und gehören zusammen. Das Traurige ist nur, daß wir heute weder aus dem Erlebnis der Liebe noch aus der Wirklichkeit der Religiosität eine echte Beziehung zu den Worten haben, die eine innere Beseligung meinen von unerhörter Intimität. Wir sind als Anbetende sowohl wie als Liebende verkümmert.

Der personale Dialog ist die Grundform der geistigen Lebendigkeit. Gib *deinen* Gläubigen, beten wir. Es ist wie bei der echten Liebesbegegnung zweier gesunder Menschen. Das Herz wagt es, sich zum Herzen zu gesellen, weil es sich selbst im anderen Herzen schon findet als Heimat der Sehnsucht, als gesuchten Gesellen und Gefährten, als erkannten und geschätzten Wert. Der Geist bricht nicht gewaltsam in fremden Raum ein. Der Heilswille Gottes vergewaltigt uns nicht, sondern harrt des Rufes und der offenen Willigkeit. Dann allerdings genügt die kleinste Regung des Herzens, um Ozeane des Herrgotts in Bewegung zu bringen.

Die Welt des personalen Gottes ist der Himmel. Also das, was der Mensch als seines Lebens größte Beglückung und Erfüllung empfindet. Das ist nicht zuerst ein Raum oder eine Zeit oder ein „Äon" usw. Das ist zuerst Gott und die erfahrene Begegnung mit ihm. Wer Gott erfährt, ist im Himmel. Die Erfahrung

Gottes bricht unsere Grenzen und unsere Daseinsweise, wo und wenn sie uns jetzt schon geschenkt wird. Es braucht nur an die Erlebnisse und Aussagen der Mystiker erinnert zu werden. Das Zerbrechen unserer Daseinsweise – also der Tod – ist umgekehrt und normalerweise die Voraussetzung für die Erfahrung Gottes. Hier gehen die Dinge leicht ineinander über. Was der Mensch liebt und ersehnt: Glück, Seligkeit, Himmel – was er fürchtet und wovor ihm bangt: Tod, Zerbrechen der Daseinsweise – was er anbetet und ehrfürchtig rühmt: Gott und seine Fülle – dies alles sammelt sich in einem Punkt.

Als fruchtbares Saatkorn in die Erde fallen

Wir sind gesätes Samenkorn, das hart sich durchsetzen muß, das bersten muß, dem aber Aufgang und Sonne und Sieg sicher sind und verbürgt. Es bleibt nur das eine, gerade von dieser Sicht des Endes her: das eigene Lebensgefühl zu prüfen, ob wir stark genug sind, stark genug für unser Leben, ob unser Leben dem gewachsen ist, was an Segen und Segnung über uns ergangen ist – oder ob unser Leben dauernd zu klein ist für das, was wir darstellen wollen und sollen und können, ob wir dauernd aus der eigenen Größe herausspringen und herausschlüpfen möchten. Von da her entscheidet sich auch, ob wir groß genug sein werden zu unserem Ende. Das mag sein, wie es will, es ist ein Ruf in den Kampf und in die Passion des Herrn. Aber es muß sichtbar sein, daß es im Grunde trotz aller Schrecknis ein Ertragen des Endes ohne Furcht und Zittern ist.

Man muß seinem Tod gewachsen sein, weil man innerlich so groß ist. Irgendwie muß im Christen diese Grundhaltung sichtbar werden, daß er tapfer ist nicht aus Hurrageschrei, nicht in kopflosem Vorwärtsstürmen und -drängen, sondern den Ereignissen und Geschehnissen gewachsen aus dieser letzten Sicht, aus dieser bereits vollzogenen inneren Überwindung, diesem bereits vollzogenen Einverständnis des Endes. Tapfer sein kann nur einer, der Großes tun und verwirklichen muß und dabei ein Risiko auf sich nehmen muß, das Risiko von Verwundung, von Tod, von Ende. Tapfer sein heißt bereit sein, zu fallen für ein Echtes, für ein Wirkliches; für dieses Echte und Wirkliche vieles auszuhalten und über das Aushalten hinaus noch Eigenes wagen, Eigenes unternehmen, Eigenes wirklich tun, eigene Frucht bringen.

Der Sinn des Lebens war nicht, volle Frucht zu bringen, Entfaltung, Blüte, Reife zu sehen; der Sinn des Lebens war Saat, Saatkorn sein, eingesenkt werden in den Acker der Zeit und der Geschichte und da das Schicksal des Saatkorns erleiden, des Weizenkorns, von dem der Herr sagt: wenn es nicht vergraben wird und stirbt und vergeht, bringt es keine Frucht. Es muß gesprengt werden, dann wird es aufgehen und sich entfalten und fruchtbar sein. Wie Ignatius, der Bischof von Antiochien, vor seiner Marter sagte: Ich freue mich, Samenkorn zu sein, auch wenn ich zermalmt werde. Das ist ja das Schicksal des Samens, gesprengt zu werden, um so Frucht zu bringen. Saat und Acker, das als Lebensgefühl mitbringen, gerade von diesem Sterben her, dem man es anspürt aus einer neuen Segnung heraus, daß da noch ein letztes Aufgehen, Vollenden erwartet wird. Und es wird sichtbar nicht nur Saat als stilles organisches Wachsen, sondern Kampf, Sich-durchsetzen-Müssen gegen ein anderes. Das Christentum ist nicht irgendeine Lämmleinsweide auf himmelblauer Wiese, es ist ein agonales Geschehen. Wer da hineingeraten ist, der muß geradestehen, muß Farbe bekennen, gerade weil er in dieses fruchtbare und entscheidende Ende hineingeraten will zu einer letzten Reife. Man kann nicht ohne Linie und ohne Haltung auf diesem Acker der Geschichte wachsen.

Leben und Tod gehören zusammen. Man kann das Ende nicht begreifen, wenn man das Ganze nicht begriffen hat; man kann das Ganze nicht richtig sehen, wenn man das Ende nicht recht begriffen hat. Genau so, wie es von unserem Leben heißt aus der vollen Wirklichkeit her: Nicht mehr ich lebe, Christus lebt in mir, diese ganze große neue Wirklichkeit – genau so hat der Tod des getauften Menschen mehr als den Sinn, daß da ein Leben zu Ende geht: da ist irgend etwas darin vom Tode des Herrn ... Der Tod des Christen ist ein Geheimnis, nicht mehr bloß die letzte verschlossene Stunde, in die niemand hineinsieht außer Gott und der Mensch, der stirbt. Es wird sichtbar, daß in diesem Zu-Ende-Gehen innerhalb des Kosmos, den wir als Christen darstellen, innerhalb der Gottverbundenheit und Gottgefülltheit, die ganze Wirklichkeit Christi existent ist, da wir hineinsterben in das sieghafte Sterben des Herrn. Der Tod des Christen ist eigentlich der letzte Mitvollzug des Kreuzes, aber des Kreuzes, über dem schon Ostern steht.

Es ist für den Christen, der weiß, um was es

geht und was er ist, nicht möglich, einem letzten Todesschrecken zu erliegen; er fällt und stirbt in das Leben. Tod ist für uns nicht Abgrund und Absturz und Zerrinnen und Scheitern, sondern Tor ins Leben hinein: Durchgang.

Das Erlebnis des Todes wird keinem von uns geschenkt. Zwar drücken wir uns lange genug davon, und solange wir nur wissen, alle Menschen müssen einmal sterben, so lange ist es doch nur ein Ereignis irgendwann einmal am Ende der langen Straße unseres Daseins, unseres Horizonts, unseres Lebens – bis dann plötzlich dieses Ereignis neben uns steht; bis dann plötzlich der liebe Mensch nicht mehr da ist und wir die Lücke spüren und die Entbehrung und den Mangel und den Abschied. Bis wir dann auf einmal entdecken: ja, das ist ein Ereignis, das nicht nur irgendwann einmal sein kann, sondern plötzlich neben uns steht. Und wie der Mensch dann plötzlich sieht, das ist ein Ereignis, das seiner Möglichkeit nach *immer neben uns herläuft*. Wir entdecken unser Leben dann auf einmal als Zeit; und Zeit ist Strömung, ist Strom, immer vorwärts, an eine Richtung gebunden, einer Mündung zu, von der wir nicht wissen, wann sie bereit ist, den Strom unseres Lebens aufzunehmen. Und plötzlich entdecken wir, daß das nicht nur eine dauernde Möglichkeit ist, die neben uns herläuft, sondern daß das gleichsam ein dauerndes Geschehen ist: daß unser Dasein mit jedem Tag, den wir vollbracht haben, nicht nur ein Stück geleistet, sondern auch ein Stück verloren hat; daß irgendwie zum Selbstverständnis des Menschen auch das Wissen gehört: unsere Wirklichkeit ist am Abbröckeln, irgendwie zerrinnt uns das Dasein unter den Händen; und wenn man nicht fest zupackt und es nicht vom Ende her meistert, gerade von diesem Zerrinnen her noch einmal packt und greift, ist man in Gefahr, mit leeren Händen dazustehen; so lange, bis der Mensch dieses Zu-Ende, diesen Tod als dauernde Wirklichkeit entdeckt, als unsere eigenste Wirklichkeit.

Wir sind am Sterben, solange wir am Leben

sind innerhalb dieser Welt. Und das ist nun die Frage: *Was fängt der Mensch mit diesem Erlebnis eines Zu-Ende an?* Verscheucht er, verschleiert er, verlügt er es, und betrügt er sich so eigentlich um die Möglichkeit, seine Welt, sein Leben einmal von den Grenzen her zu sehen, als Ganzes in den Blick zu bekommen und von da aus die letzten Horizonte zu sichten, oder stellt er sich diesem Letzten.

Da scheiden sich und entscheiden sich die Geister.

Tod ist *Entscheidung*. Ist noch einmal Kampf, ist noch einmal ein Zurückrufen des Menschen, ein Zusammenballen seiner ganzen Aufgabe auf diesen einen Moment: teilzuhaben an der großen Entscheidung, die mit Christus in die Welt hineingerufen ist. Und in der Teilnahme an dieser Entscheidung scheidet und entscheidet sich sein eigenes Schicksal. So verstehen wir einerseits, warum die Kirche den kranken Menschen, den sterbenden Menschen mit Gebet und Fürbitte umgibt, und verstehen anderseits, daß da eine Salbung geschieht, die immer Salbung zum Kampf, zum Aushalten der Härte, zum Bestehen ist – und daß in diesem letzten Moment sich alles noch einmal zusammendrängt wie zu einem Endspurt. Der Tod des Christen ist nicht wie das Verenden irgendeines Lebewesens. Da ist noch einmal die ganze Dimension, die ganze Spannung, die im Christenleben ist, zu einer letzten inneren Verdichtung und Wirklichkeit aufgerufen; deswegen Sakrament und Salbung und Gnade und deswegen Weihe und Würde des christlichen Menschen im Tode. Der Christ stirbt, er verendet nicht.

Aber das alles ist nur vorläufige Sicht und gibt seinen ganzen Inhalt nicht her, wenn wir nicht durchschauen auf ein Wort vom Leben, von dem gesagt wird: Es ist die erste Botschaft des Christen nicht der Tod und das Sterben, es ist die erste Botschaft immer die Frohbotschaft, der Wille zum Leben, die Verheißung des großen Segens, die Verheißung der großen Erfüllung. Und gerade, daß wir im Sterben noch einmal gesegnet und geweiht werden, das zeigt uns von hier aus eine entscheidende

Sicht: es werden die letzten Horizonte unseres Lebens sichtbar. Es ist ein alter Satz: unser Leben reicht über unsere irdischen Horizonte hinaus.

... Diese Woche war in vieler Hinsicht sehr bewegt. Drei von uns sind den Weg gegangen, der als bittere Möglichkeit vor uns allen steht und von dem uns nur Gottes Wunder trennen und bewahren können. Innerlich habe ich viel mit dem Herrgott zu tun und zu fragen und dranzugeben. Das eine ist mir so klar und spürbar wie selten: Die Welt ist Gottes so voll. Aus allen Poren der Dinge quillt uns dies gleichsam entgegen. Wir aber sind oft blind. Wir bleiben in den schönen und in den bösen Stunden hängen. Wir erleben sie nicht durch bis zu dem Punkt, an dem sie aus Gott hervorströmen. Das gilt für das Schöne und auch für das Elend. In allem will Gott Begegnung feiern und fragt und will die anbetende, liebende Antwort.

... Heute ist wieder ein ganz schwarzer Tag. Gott meint es schon ganz intensiv mit mir, daß er mich so ausschließlich auf mich verweist. Ich bin ja wieder ganz isoliert seit einiger Zeit. Ich soll lernen, was glauben und vertrauen heißt ... Es gibt auch gute Stunden der Fülle und Tröstung. Aber im großen ganzen sind wir eben doch auf ein Seil gestellt und sollen über einen Abgrund laufen, und dazu schießen sie noch auf uns, und dauernd fallen welche herunter.

Ach, wie begrenzt ist das Menschenherz in seinen eigensten Fähigkeiten, im Hoffen und Glauben. Es braucht Hilfe, um zu sich selbst zu kommen und nicht zu zerflattern wie ein paar scheue, halbflügge Vögel, die aus dem Nest fallen ... Bittet und hofft und glaubt mit, daß der Herr uns bald ans andere Ufer bringt und wieder auf festen Boden stellt. Wir wollen ihn schon nicht mehr für so fest ansehen, als wir es manchmal taten.

... Heute ist ein böser Tag. Manchmal drängt sich das ganze Schicksal in eine Last zusammen und legt sich einem aufs Herz, und man weiß wirklich nicht, wie lange man dies alles diesem Herzen noch zumuten soll ... Ich glaube an Gott und an das Leben. Und um was wir gläubig bitten, das wird uns. Gott hat mich gründlich gestellt, ob ich meine alten Worte einlöse: mit ihm allein läßt sich leben und das Schicksal durchstehen ...

Ich glaube noch an mich, aber sonst gibt mich doch alles auf. Man hat mich sehr ernst ermahnt, den Tod doch ernster zu nehmen, die Sachlage nicht zu verkennen. Gute Freunde haben mir das geschrieben. Daß ich auf dem Seil bin, weiß ich. Daß ich ohne Gottes besondere Hilfe nicht rüberkomme, weiß ich auch. Aber ich glaube daran, daß er mir helfen wird, und sag ihm das jeden Tag.

Wann nun die Entscheidung ist, ist wieder ganz offen. Gestern sah es so aus, als ob sich die Sache noch bis Weihnachten verzögerte. Heute heißt es wieder, bereits nächste Woche. Auf jeden Fall weiß ich jetzt, was es ist, aus seiner Hand zu leben.

So ins Dunkel hat mich der Herrgott noch nie gestellt. Aber ich will stehenbleiben. Entweder er will das Opfer, oder er will das Vertrauen bis zur Zerreißprobe. Ich will vertrauen. Entweder er sät mich als Samen, oder er richtet mich zu einem großen Werk. Die gewöhnlichen Maße gelten seit dem 11. [= Tag der Verurteilung zum Tod] nicht mehr.

Die Verhältnisse haben ihre äußerste Zuspitzung erfahren. Ich sitze auf meiner Klippe, absolut auf Gott und seine Freiheit gestellt. Und ich verlasse mich auf ihn. Am 11. habe ich Abschied genommen. Nach der bisherigen Gewohnheit mußten wir am 11. abends tot sein. Jetzt sitzen wir da und warten . . . Durch die Art des Prozesses hat mein Leben ein Thema bekommen, für das sich leben und sterben läßt. Ob ich nun hier für diese Wirklichkeiten, für die ich gestellt wurde, sterbe oder ob dies alles nur Zubereitung zu einer Sendung für diese vier Wirklichkeiten ist, das ist dann beinahe gleich. Fallen, weil man an Deutschland glaubt über die mögliche und kommende Nacht hinaus, weil man an die Kirche glaubt als eine leitende Kraft für dies

Volk, weil man zu diesem Orden gehört und weil man aus der Not, der Eigenart des Volkes und der Botschaft der Kirche eine iustitia socialis wachsen sah und ihr dienen wollte: wer fällt heute von den vielen für so viel. Und weiß dies. Diese 4 Dinge wurden mir vorgeworfen, wegen diesen bin ich verurteilt. Und wenn ich leben werde, dann ist das Thema ja auch gestellt.

Bis jetzt hat mir der Herrgott sehr herrlich und herzlich geholfen. Ich bin noch nicht erschrokken und noch nicht zusammengebrochen. Die Stunde der Kreatur wird schon auch noch schlagen. Manchmal kommt eine Wehmut über mich, wenn ich an das denke, was ich noch tun wollte. Denn jetzt bin ich ja erst Mensch geworden, innerlich frei und viel echter und wahrhafter, wirklicher als früher.

Ja, und ganz ehrlich gesagt, ich glaube noch nicht an den Galgen. Ich weiß nicht, was das ist. Vielleicht eine große Gnade und Hilfe des väterlichen Gottes, der mich so die Wüste bestehen läßt, ohne in ihr verdursten zu müssen. Während der ganzen Verhandlung, auch als ich merkte, das „Wunder" bleibt aus, war ich weit oben drüber und unberührbar durch all die Vorgänge und Aussichten. Ist das das Wunder, oder was ist das? ... Soll ich weiter hoffen? Will der Herrgott das Opfer, das ich ihm nicht versagen will, oder will er die Bewährung des Glaubens und Vertrauens bis zum äußersten Punkt der Möglichkeit?

Was will der Herrgott mit alledem? Ist es Erziehung zur ganzen Freiheit und vollen Hingabe? Will er den ganzen Kelch bis zum letzten Tropfen, und gehören dazu diese Stunden des Wartens und eigenartigen Advents? Oder will er die Glaubensprobe?

Was soll ich jetzt tun, ohne untreu zu werden? Soll ich weiter hoffen, trotz der Aussichtslosigkeit? Ist es Untreue, wenn ich davon ablasse? Soll ich mich ganz loslassen und die Abschiede vollziehen und mich ganz auf den Galgen einstellen? Ist es Feigheit oder Trägheit, dies nicht zu tun und noch zu hoffen? Soll ich einfach in der Freiheit zur Verfügung bleiben und in der Bereitschaft? Ich kenne mich noch nicht recht aus und bete dauernd um Erleuchtung und Führung.

Auf jeden Fall muß ich mich innerlich gehörig loslassen und mich hergeben. Es ist die Zeit der Aussaat, nicht der Ernte. Gott sät; einmal wird er auch wieder ernten. Um das eine will ich mich mühen: wenigstens als fruchtbares und gesundes Saatkorn in die Erde zu fallen. Und in des Herrgotts Hand. Und mich gegen den Schmerz und die Wehmut wehren, die mich manchmal anfallen wollen. Wenn der Herrgott diesen Weg will – und alles Sichtbare deutet darauf hin –, dann muß ich ihn freiwillig und ohne Erbitterung gehen. Es sollen einmal andere besser und glücklicher leben dürfen, weil wir gestorben sind.

Ich bitte auch die Freunde, nicht zu trauern, sondern für mich zu beten und mir zu helfen, solange ich der Hilfe bedarf. Und sich nachher darauf zu verlassen, daß ich geopfert wurde, nicht erschlagen. Ich hatte nicht daran gedacht, daß dies mein Weg sein könnte. Alle meine Segel wollten steif vor dem Wind stehen; mein Schiff wollte auf große Ausfahrt, die Fahnen und Wimpel sollten stolz und hoch in allen Stürmen gehißt bleiben. Aber vielleicht wären es die falschen Fahnen geworden oder die falsche Richtung oder für das Schiff die falsche Fracht und unechte Beute. Ich weiß es nicht. Ich will mich auch nicht trösten mit einer billigen Herabminderung des Irdischen und des Lebens. Ehrlich und gerade: ich würde gerne noch weiterleben und gern und jetzt erst recht weiterschaffen und viele neue Worte und Werte verkünden, die ich jetzt erst entdeckt habe. Es ist anders gekommen. Gott halte mich in der Kraft, ihm und seiner Fügung und Zulassung gewachsen zu sein.

Es kann passieren, daß uns alles aus den Fugen geht, in Scherben zerschlagen wird. Es kann passieren, daß unser Symbol ist jener

Alabasterkrug im jüdischen Haus, der zerbrochen wurde. Aber dann muß das andere geschehen, daß es heißt: „Und der Wohlgeruch dessen, was das Gefäß barg, erfüllte das ganze Haus". Zerschlagen ist schon viel. Und die Frage ist nun die: Waren wir innerlich so voll und so echt, daß die Menschen wenigstens beim Zerschlagen merkten, wir haben etwas angerührt, das Allerletztes trug und Allerletztes innerlich erfüllte und Allerletztes dargestellt hat. Das Schicksal ist Nebensache. Was passiert, ist Nebensache, es mag treffen, so hart es will, solange der innere Segen steht und die innere Ordnung steht und dieses innere Wissen steht, daß dieser große Segen des Herrn in uns existiert und durch uns in der Welt existent bleiben will.

Die allerletzte Absicht und allerletzte Sicherheit unseres christlichen Lebensgefühls heißt *Sieg*. Wir wurden immer gesalbt und gesegnet in der Form des Kreuzes. Aber die passio, der Untergang des Herrn, in den wir hineingetauft und geschickt sind, ist immer wieder die passio des Herrn, der bereits gesiegt hat. Das ist alles Nachvollzug. Wiederholung durch den, der gerufen und geschickt und gesandt ist, der innerlich zu gleichem Schicksal ausgerüstet die Garantie hat des gleichen Enderlebnisses und gleichen Endergebnisses. So wird gerade von unserem Tode her sichtbar, daß wir leben zum Leben und zum Sterben und daß wir untergehen in das Lebendige, in den Sieg, in die Glorie hinein.